FRÉDÉRIC OZANAM

PARIS. — IMP. SIMON RAÇON ET COMP., RUE D'ERFURTH, 1.

FRÉDÉRIC OZANAM

PAR

LE R. P. HENRI-DOMINIQUE LACORDAIRE

DES FRÈRES PRÊCHEURS

PARIS

AMBROISE BRAY, LIBRAIRE-ÉDITEUR

ANCIENNE MAISON SAGNIER ET BRAY

66 — RUE DES SAINTS-PÈRES — 66

L'Auteur se réserve le droit de traduction et de reproduction.

1856

FRÉDÉRIC OZANAM

Tacite commence ainsi la vie d'Agricola : « C'est un
« antique usage de transmettre à la postérité les actes
« et les mœurs des hommes illustres, et notre âge lui-
« même, quoique peu curieux de ses propres gloires,
« n'a pas failli pourtant à cet exemple, toutes les fois
« qu'une vertu mémorable a su y vaincre le défaut ha-
« bituel aux plus grandes comme aux plus médiocres
« cités, qui est l'ignorance et l'envie du beau. Mais
« chez nos pères, de même qu'on était porté à accom-
« plir des choses dignes de mémoire, on l'était aussi à
« les rendre célèbres, sans autre ambition que de sa-
« tisfaire dans sa conscience le goût du bien. Même on
« imputait à une noble assurance, plutôt qu'à l'orgueil,
« d'écrire sa propre vie, et ni Rutilius ni Scaurus, en
« publiant la leur, n'encoururent le blâme de leur
« siècle ou ne lui inspirèrent une moindre foi, tant il
« est facile d'apprécier la vertu dans les temps qui sont
« faciles à la produire. Pour moi, prêt à raconter la

« vie d'un homme mort, j'ai dû prendre soin de m'en
« justifier. »

Comme Tacite, fallût-il m'en justifier, je veux dire
quelque chose de la vie d'un homme mort, d'un homme
qui eut avec Agricola cette ressemblance, d'acquérir
une gloire qui en présageait une plus grande, et de
s'éteindre tout à coup, sans tache et inachevé, au seuil
d'une commune admiration. Soldats tous les deux, l'un
dans les camps de Rome, l'autre dans les camps du
Christ, leur jeunesse fut sérieuse, leurs services pré-
coces, leur renommée pure, leur fin prématurée et cependant opportune, leur mémoire touchante, et ces
traits vivants sous la plume de Tacite me faisaient venir
involontairement à l'esprit que nous avions perdu dans
Frédéric Ozanam l'Agricola chrétien. Perte plus cruelle,
objet d'une louange autrement affectueuse et durable,
puisque la foi, ce lien souverain des âmes, était le principe des vertus et des amitiés que nous regrettons dans
notre Agricola. N'y eût-il eu entre nous que l'éclat de
son dévouement à la cause de Dieu, c'en serait assez
pour que je ressentisse l'envie généreuse dont parle Tacite, et que je fusse porté vers sa gloire sans autre ambition, en la célébrant, que le plaisir de ma conscience.
Mais Ozanam, qui était pour nous tous un chrétien
éminent, était pour moi davantage. Sa main s'était
approchée de la mienne, et son esprit, durant vingt
années, avait été l'hôte fidèle des régions qu'habitait le
mien. Nous vivions dans la même vérité, mais aussi
dans le même siècle, dans les mêmes pressentiments
et les mêmes aspirations, et en descendant des devoirs
et des sommets éternels, nous nous rencontrions encore

au-dessous, là où les ombres commencent, où les doutes sont possibles, et où la foi elle-même ne suffit plus pour tenir les cœurs étroitement embrassés.

Je ne suis pas d'ailleurs le seul sensible à cette destinée si promptement éteinte. Une génération d'hommes, jeunes alors, aujourd'hui plus mûrs, avait entendu la voix d'Ozanam et lu ses écrits; il était pour elle un guide éloquent, un apôtre sympathique. En parlant de lui, je parlerai pour elle; j'acquitterai sa dette avec la mienne, et peut-être élèverons-nous ensemble un monument qui rappellera de beaux jours et soutiendra plus d'une vertu.

I

Il me faut traverser bien des années pour retrouver l'heure où je vis Ozanam pour la première fois. Je n'avais pas encore inauguré l'enseignement qui bientôt après me donna des disciples et des amis. Frappé de la foudre à l'entrée de ma vie publique, séparé d'un homme illustre en qui j'avais cru trouver le génie de la conduite avec celui de la pensée, j'errais au dedans de moi dans des incertitudes douloureuses et de terribles prévisions. De ce peu de renommée que j'avais acquise en combattant trop tôt, jaillissaient des amertumes qui eussent brisé mon existence, si des affections généreuses et à jamais fidèles n'eussent pris leurs racines dans la solitude même où m'avait rejeté la disgrâce. Ozanam ne fut pas de ces amis premiers que le souvenir du malheur rend si chers; mais il vint à cette heure-là, comme l'avant-garde de la jeunesse qui devait bientôt, en entourant ma chaire, me relever de mes afflictions.

Que me voulait-il? Ce n'était pas la lumière de la foi qu'il avait à me demander. Le souffle d'un doute réel n'avait en aucun temps terni la clarté de son âme. Enfant de la France par le sang qu'il avait reçu, il l'était aussi de l'Italie par son berceau, et ce n'était pas en vain que la ville de Saint-Ambroise et celle de Saint-Irénée avaient uni, pour le baptiser, les grâces de leurs traditions. Il avait en lui l'influence de deux ciels et de deux sanctuaires. Lyon lui avait donné l'onction d'une piété grave, Milan quelque chose d'une flamme plus vive, et ces deux sources d'ardeur, loin de s'affaiblir avec l'âge, s'étaient grossies en chemin de la séve d'une forte éducation. Ozanam avait eu ce bonheur, de rencontrer au terme de ses études littéraires un maître capable d'éveiller sa raison. Une philosophie élevée, en lui ouvrant sur l'homme les mêmes points de vue que la foi, avait produit dans son intelligence cet accord tout-puissant des révélations et des facultés, qui agrandit et fortifie les unes par les autres, fait du chrétien un sage, du sage une créature qui ne s'enorgueillit ni de la science ni de la vertu. Tel était Ozanam lorsqu'il entra dans ma chambre et s'assit près de mon feu pour la première fois. C'était dans l'hiver qui liait 1833 à 1834. Il devait avoir vingt ans.

Je ne me rappelle rien qui m'ait frappé dans sa personne. Il n'avait pas la beauté de la jeunesse. Pâle comme les Lyonnais, d'une taille médiocre et sans élégance, sa physionomie jetait des éclairs par les yeux et gardait néanmoins dans le reste une expression de douceur. Il portait, sur un front qui ne manquait pas de noblesse, une chevelure noire, épaisse et longue, qui lui donnait cet air un peu sauvage que les Latins rendaient, si je ne me trompe, par le mot d'*incomptus*. Sa parole ne m'a point laissé de souvenir. Mais, soit qu'on me l'eût fait remarquer comme un jeune homme d'espérance, soit que la renommée ait depuis ranimé ma mémoire, je le vois très-bien au lieu où il était et tel qu'il était.

Que me voulait-il donc? C'est une grande chose pour un jeune homme que ses premières visites à des hommes qui ne sont pas de son âge, qui l'ont précédé dans la vie, et dont il espère, sans qu'il sache bien pourquoi, un accueil bienveillant. Jusque-là il n'a vécu que des caresses de sa famille et des familiarités de ses camarades; il n'a pas vu l'homme, il n'a pas abordé cette plage douloureuse où tant de flots déposent des plantes amères et creusent d'âpres sillons. Il ignore et il croit. Ozanam ignorait aussi, et il croyait. Je n'étais pas d'ailleurs un homme pour lui, j'étais un prêtre. L'enfant qui s'est ouvert au prêtre en conserve un instinct de rapprochement, et ce que la femme est pour le cœur qu'agite les passions, le prêtre l'est pour le cœur qui travaille à devenir pur. Ozanam venait donc à moi parce qu'il était chrétien et parce que j'étais un ministre et un représentant de sa foi, dont il avait ouï parler. Mais il y venait aussi, peut-être, par une sympathie d'un autre ordre, sympathie qui se liait dans son esprit à tout ce qu'il avait de plus cher au monde, sa foi, sa patrie, la vérité, le bien, l'avenir du christianisme et l'avenir de la vérité.

II

Rien sans doute ici-bas ne marche de pair avec Jésus-Christ et son Église. Les empires se transforment, les races changent, les opinions s'usent après un certain cours, et celui qui veut asservir les destinées de l'Évangile à des choses humaines, si saintes et sacrées qu'elles soient, est semblable au navigateur qui, rencontrant une île assise sur le roc dans les profondeurs de l'Océan, voudrait l'attacher à son navire et l'amener de rivage en rivage sous un ciel nouveau. Mais si la grâce est supérieure à la nature, elle ne lui est pas étrangère, et la nature elle-même a des lois qui viennent de Dieu et participent de son immutabilité. Il ne faut donc pas, à cause que Jésus-Christ est Dieu et que l'Église est son ouvrage, se persuader que le monde n'est rien : car le monde aussi a Dieu pour auteur, il repose aussi sur des principes éternels, et c'est du mouvement coordonné de l'un et de l'autre, du monde et de l'Église, que résultent la paix de tous les deux, l'harmonie de la création et de la Rédemption, enfin la beauté de l'œuvre qu'éclairent ensemble la lumière du jour et la lumière du Christ. Le chrétien donc, sachant ces choses, s'il met la grâce au-dessus de la nature, l'Église au-dessus du monde, ne les sépare point dans ses pensées et ses travaux; ou, s'il paraît les séparer dans une certaine mesure et en un certain sens, c'est encore pour mieux les unir en leur épargnant des chocs dangereux. Ainsi, quand l'empire romain penchait vers sa ruine, les papes, qui n'ignoraient pas la caducité des choses humaines, s'employaient pourtant à sauver ce grand corps, et ils souffraient des coups qui lui étaient portés, parce qu'ils voyaient en lui un principe d'ordre, quoique corrompu, un abri tutélaire, quoique vieilli. D'autres, tels que Salvien, persuadés que la régénération de l'empire était impossible, et qu'il n'était plus qu'un cadavre attaché aux flancs de l'Église, appelaient de leurs vœux les enfants du Nord, race barbare, il est vrai, mais toute neuve, et qui permettrait au christianisme de fonder avec eux une société rajeunie dans ses deux sources, la virilité humaine et l'efficacité divine. L'avenir a justifié Salvien. Car, en ces matières, où le temps se projette sur l'éternité, l'Église n'a plus la même assurance pour se soutenir dans une inébranlable conduite, et d'un pape à l'autre, d'un siècle à un autre siècle, l'aspect des choses peut apparaître diversement. Le temps révèle les choses du temps, comme l'éternité révèle les choses de l'éternité. Mais, malgré la différence des deux ordres, ils n'en sont pas moins liés entre eux. Tout ce qui intéresse la société humaine intéresse la société divine, et tout ce qui intéresse la société divine intéresse aussi la société humaine, l'une et l'autre étant composées d'hommes et des mêmes hommes.

Quand donc Ozanam entra dans le monde, plein d'ardeur et de foi, il y rencontra, comme ses pères de tous les âges, une question temporelle à côté de la question éternelle. S'il fût né deux cents ans plus tôt, il eût eu à choisir d'être pour la Ligue ou pour le roi; de suivre le mouvement populaire qui repoussait un prince hérétique, ou de s'unir à la presque totalité des évêques de France, qui demeurait fidèle à l'hérédité du sang. Venu plus tard, il lui fallait choisir aussi. Une révolution avait changé le monde, et changé dans le monde la situation de l'Église. Dépouillée de ses biens, bannie des affaires publiques, privée du bras humain pour soutenir ses dogmes et ses lois, l'Église se voyait encore refuser des libertés de l'âme et de l'intelligence, tandis que le monde, en la répudiant et en l'opprimant, proclamait pour lui le règne de la liberté la plus étendue dans l'égalité la plus parfaite. C'était là le crime du temps où vivait Ozanam. Son enfance avait grandi sous le poids de cette sanglante contradiction, et il arrivait à l'âge d'homme, à l'âge de la parole et de l'épée, en ayant devant lui la perversité d'un mensonge public et persévérant contre Dieu. Il n'y avait pas de chrétiens qui ne le ressentissent, d'autant plus à plaindre tous, que la gloire des catacombes ne les relevait pas de la servitude, et qu'un ordre apparent, régulier, couvrait d'un linceul blanchi cette effroyable subversion.

Mais si l'on était d'accord sur le mal, on ne l'était pas sur le remède.

Les uns pensaient que la société nouvelle, issue d'une révolution qui avait elle-même pour père un siècle corrompu, portait dans ses flancs un principe de mort irréconciliable avec la vérité; que, quoi qu'elle fît, malgré elle, par les nécessités de son origine, elle refuserait éternellement justice à Dieu, à l'Évangile, à l'Église, à Jésus-Christ; que d'ailleurs, outre sa haine native contre toute institution de l'ordre divin, elle reposait elle-même sur des fondements caducs, la liberté politique et l'égalité civile n'étant que l'anarchie cachée sous des rêves décevants. Ils concluaient de là qu'il fallait à tout prix rétablir l'ancienne société, et que, si cette espérance était chimérique, il n'y avait qu'à se voiler la tête et à attendre avec résignation les derniers coups de l'abîme.

D'autres, plus jeunes, trop confiants peut-être en des événements qu'ils n'avaient pas vus de près, se laissaient aller à de moins tristes et de moins extrêmes prévisions. Nés dans les ruines, s'ils ne les aimaient pas, ils les comprenaient mieux. La Révolution, disaient-ils, fut sans doute un châtiment, mais le châtiment n'exclut pas le bienfait. Beaucoup de choses devaient périr, parce que beaucoup de choses avaient péché. Quand les tombes de Saint-Denis furent ouvertes et que les os des rois parurent dans la main des enfants, l'histoire, sans justifier le crime, pouvait l'expliquer, et Dieu, qui pèse les rois sur leurs trônes, les pèse aussi dans leurs tombeaux. Levons les yeux vers lui, et sachons avec lui tirer le bien du mal et la vie de la mort. Pourquoi le dix neuvième siècle hériterait-il à jamais des passions et des erreurs du siècle précédent? Dieu n'a-t-il pas *fait guérissables les nations de la terre?* Est-il même assuré que le dix-huitième siècle ait enfanté le nôtre? Le nôtre veut l'égalité civile, la liberté politique et la liberté religieuse : sont-ce là des pensées et des volontés absolument inconciliables avec le christianisme? N'est-ce pas le christianisme qui a révélé aux hommes leur égalité devant Dieu, et y a-t-il si loin de l'égalité devant Dieu à l'égalité devant la loi? La liberté politique, si elle n'est pas d'origine chrétienne, puisque les anciens la connaissaient, n'est pourtant pas étrangère à la chrétienté : le moyen âge l'avait réssuscitée sous une forme qu'ignorait l'antiquité, et de cette forme étaient sortis les peuples modernes, avec la monarchie tempérée qui faisait leur force et leur honneur. Quant à la liberté religieuse, elle était le fruit naturel et inévitable de la dissidence entre les communions chrétiennes. Du jour où le christianisme s'était partagé en plusieurs rameaux, il avait fallu choisir entre une persécution réciproque, dangereuse pour tous, tôt ou tard odieuse à tous, et une liberté honorable aux forts et aux faibles, leur laissant, aux uns comme aux autres, le prosélytisme de l'intelligence et de la vertu. Ces faits, ajoutait-on, sont accomplis dans le monde ; ils sont le nœud de ce siècle, et si l'Église n'en a pas encore profité pour sa rédemption, c'est-à-dire pour son affranchissement personnel, c'est que, tardive à se prononcer, ennemie des ruines les plus nécessaires, elle attend de l'expérience une révélation digne de sa profonde et patiente sagesse. Pour nous, ses enfants, qui devons une moindre prudence à une moindre responsabilité, que tardons-nous à revendiquer notre liberté propre au nom de la liberté de tous ? Une société, quelle qu'elle soit, ne peut traiter en amis ceux qui se font ses ennemis. Il ne faut jamais, à la vérité, transiger avec le mal ; mais ici le mal n'est pas dans les principes, il est dans leur fausse application. Le jour où l'Église aura sa part de la liberté et de l'égalité communes, elle leur apportera sa mesure avec sa force, et le cours des esprits prendra tout ensemble et plus de justesse et plus de gravité.

Ozanam, en entrant dans le monde, avait entendu ce

langage. Ce langage était contredit; il n'avait pas toujours eu pour interprètes des esprits assez sobres, et il était d'ailleurs contre le courant général. Assurément le choix était difficile pour un jeune homme. En ce qui est des vérités absolues, l'évidence nous entraîne; en ce qui est de la foi, une immense autorité nous guide : mais quand l'intelligence est en face d'une lumière mêlée d'ombres, où les faits s'entrelacent aux idées, soit pour les combattre, soit pour les soutenir, il reste une terreur jusque dans la conviction, et il faut du temps, de l'expérience, de grandes lectures dans le passé, de grandes leçons dans le présent, pour arriver à des opinions qui honorent et commandent la vie. La jeunesse devrait donc s'abstenir et ne pas préparer à sa pensée des retours pénibles ou des persévérances trompeuses : mais la nature lui a refusé cette prudence, et peut-être heureusement; car, si la maturité seule prononçait, les glaces du scepticisme remplaceraient aisément la fougue de l'enthousiasme, et le monde y perdrait en conscience aussi bien qu'en grandeur. C'est dans le cœur du jeune homme que se creusent et s'assoient les forteresses de l'âge mûr, et celui qui a trop craint les périls de l'erreur ne craindra jamais assez les périls de l'indifférence.

Je ne puis dire s'il y avait dans la tradition domestique d'Ozanam quelque chose qui l'inclinât plutôt d'un côté que de l'autre. Il descendait originairement d'une famille juive de la Bresse, convertie par saint Didier, l'an 600 de l'ère chrétienne. Un de ses ancêtres, Jacques Ozanam, dont Fontenelle a écrit l'éloge, était au dix-septième siècle un mathématicien remarquable et un chrétien fort droit. On a retenu ce mot que lui avaient inspiré les querelles théologiques de son temps : « Il appartient aux docteurs de Sorbonne de disputer, au « pape de prononcer, et aux mathématiciens d'aller en « paradis par la perpendiculaire. » Le père d'Ozanam, dans une vie trop tôt tranchée par un accident, fruit de sa charité, avait connu des situations bien diverses : tour à tour soldat, négociant, exilé volontaire en Italie, puis étudiant et médecin ; mais autant sa carrière avait éprouvé de vicissitudes, autant la foi chrétienne était demeurée l'ancre immuable où s'appuyait la constance de ses vertus. Il avait abdiqué la guerre au moment où elle lui promettait, dans nos campagnes d'Italie, le prix du sang qu'il avait déjà versé pour la France. Lyon, en lui donnant alors une femme digne de lui, avait imposé à son amour le sacrifice de ses goûts, et huit années d'un travail obscur avaient inauguré les commencements d'un bonheur qui n'excluait pas le désir d'occupations plus hautes, parce qu'elles sont plus dévouées. Un changement de fortune le délivra du joug. Milan le reçut comme dans un asile que la victoire avait rendu français, mais que la nature et les souvenirs protégeaient contre une présence trop vive d'un maître tout-puissant ; et là, plus libre qu'il ne l'avait encore été, on le vit, à l'âge de trente-six ans, se créer la carrière qui l'avait fui, et obtenir de sa constance, sur une terre étrangère, le renom de médecin savant, habile et charitable. Quand l'Autriche, après nos revers, eut appliqué à ce sol poétique son sceptre lourd et défiant, le père d'Ozanam revint demander à la France une meilleure patrie, et vingt années de séjour à Lyon l'y ratta-

chèrent de nouveau, en attendant que la mort l'y natu-
ralisât pour jamais.

Frédéric Ozanam était né de ce père dans le temps de
l'exil, le 23 août 1813. Sa mère, Marie Nantas, fille
d'un honorable négociant de Lyon, avait aussi connu
dans son enfance les chemins de l'étranger. Le flot de
l'émigration l'avait portée en Suisse, au bourg d'Échallens, à moitié route de Lausanne et d'Yverdun, entre
ces deux beaux lacs de Genève et de Neufchâtel. Cinquante ans après, Frédéric y retrouvait les traces de sa
mère et déposait dans une note l'impression qu'il avait
reçue de cette pieuse rencontre :

« Un de mes plus doux moments de ce voyage de
« Suisse, c'est la demi-heure que nous avons passée à
« Échallens. Nous n'avions ni calculé ni prévu cette
« station de notre pèlerinage ; la chose s'était arrangée
« d'elle-même, comme tout ce qui s'arrange bien.
« Échallens se trouvait à moitié chemin du trajet de
« Lausanne à Yverdun. Je me rappelais que c'était le
« lieu où mon grand-père s'était retiré pendant les der-
« niers mois de la terreur, et dont ma mère m'avait si
« souvent parlé. Que n'aurais-je pas donné pour con-
« naître la maison qu'habita ma famille ! Du moins je
« voyais les petits bois et les jolis sentiers où ils allaient,
« conduits, cueillir des fraises. L'oncle chartreux mar-
« chait le premier en éclaireur, et quand il avait dé-
« couvert un nid de fraises, il appelait ses joyeuses
« nièces : « Venez, mesdemoiselles, c'est tout rouge. »
« Et l'on revenait avec des paniers tout pleins de ces jolis
« petits-fruits, qu'on mangeait avec du lait excellent.
« J'ai visité l'église dans laquelle ma bonne mère a fait

« sa première communion, sous la direction de ce bon
« curé qui lui répétait : « Nous irons les deux, nous
« irons les deux en paradis. » Je l'ai trouvée comme ma
« mère me l'avait décrite, partagée, hélas! entre les
« deux cultes : le sanctuaire, réservé aux catholiques et
« fermé par une grille de bois ; la nef, commune aux
« catholiques et aux protestants ; d'un côté la chaire du
« curé et le baptistère, de l'autre la chaire du pasteur
« et la table de la cène. Cette chère église est bien mi-
« sérable : cependant j'y ai prié avec plus d'émotion que
« de coutume ; j'y ai remercié Dieu des grâces qu'il
« avait faites en ce lieu même à la petite exilée ; j'ai
« prié pour ma bonne mère, parce que c'est un devoir
« de prier pour les morts ; mais, comme je la crois heu-
« reuse et puissante dans le ciel, je lui ai demandé de
« veiller sur nous, de nous aider à finir heureusement
« ce voyage trop long, et surtout d'obtenir à ses enfants
« quelques-unes de ses douces vertus. Ma femme et ma
« belle-mère priaient avec moi, et ma petite Marie s'a-
« genouillait bien sagement devant la grille du sanc-
« tuaire. Amélie a voulu cueillir quelques fleurs sur la
« petite éminence où s'élève l'église : ces fleurs ne sont
« pas celles que notre bonne mère foulait en allant à la
« messe, mais elles leur ressemblent, et plaise à Dieu
« que nous lui ressemblions autant ! »

Ce fut dans les derniers mois de 1831 qu'Ozanam
apporta dans Paris les souvenirs de son enfance, les
fruits de son éducation et l'ardeur de ses dix-huit ans.

On n'avait pas voulu, dès sa sortie du collége, l'exposer si avant dans la pleine mer. Par une décision peut-
être étrange, si l'on considère tout ce que ce jeune

homme avait montré déjà d'élan poétique et de maturité précoce, ses parents le retinrent près d'eux, mais en l'attachant aux ingrats labeurs d'une étude d'avoué. Il porta cette chaîne avec une simplicité toute filiale, ne laissant pas d'entremêler la poésie aux études de justice, et d'ajouter aux langues anciennes, qu'il possédait déjà, quelque teinture aventurée de l'hébreu et du sanscrit. Tout fleurissait à la fois, et tout fleurissait vite, dans cette âme que le temps et l'éternité pressaient de vivre. Déjà même, et bien auparavant, il s'était jeté dans les hasards de la publicité. A seize ans il écrivait dans l'*Abeille française*, recueil périodique de Lyon, et son jeune front de rhétoricien se couronnait d'espérances qui étonnaient ses maîtres encore plus que ses condisciples. Ses maîtres l'avaient pressenti. L'un d'eux conservait précieusement des pièces de vers latins échappées à sa fécondité brillante d'écolier. Un autre, son professeur de philosophie, aimait à le prendre pour compagnon de ses promenades dans les sentiers solitaires et escarpés qui entourent Lyon de toutes parts et rendent cette ville si chère aux esprits touchés d'un peu de mélancolie méditative. Pourquoi ne nommerais-je pas le maître qui conviait ainsi à sa familiarité un obscur adolescent? Pourquoi ne rappellerais-je pas ces amitiés et ces conversations fameuses qui, au temps de Socrate, rassemblaient à une école volontaire l'élite de la jeunesse athénienne? Il est vrai, tant de gloire n'a pas consacré le souvenir qui me préoccupe : mais si la gloire n'y était pas, la vérité s'y trouvait, telle que Socrate et Platon ne la connurent jamais. Pendant vingt ans, à une époque où la philosophie chrétienne avait si peu d'organes, un homme modeste et qui n'a rien écrit, M. l'abbé Noirot, conduisait dans les chemins sérieux de la raison une foule de jeunes esprits dont Ozanam a été le plus grand, mais dont plusieurs ont atteint comme lui la célébrité, et qui tous, à des points divers de la vie, rapportent à leur maître commun l'inébranlable lucidité de leur foi.

III.

Cette foi était plus rare qu'elle ne l'est devenue. Quand Ozanam arrivait à Paris, on sortait de la guerre terrible que l'opposition politique avait faite à la religion au nom de la liberté. Tout, sous la main de ce parti, avait été une arme contre le christianisme, la tribune, la presse, l'enseignement, la poésie; et, par un malheur digne d'être pleuré, aucune voix populaire ne s'était élevée pour le Christ durant la tempête, non pas que l'Église de France eût manqué d'orateurs et d'écrivains, mais parce que tous avaient marché, bannière déployée, dans le sens contraire à celui qui emportait la nation. La voix du comte de Bonald, du comte de Maistre, de l'abbé de Lamennais, ne parvenait à la foule que comme l'écho perdu d'un passé sans retour. C'était la plainte de Cassandre sur les ruines de Troie. C'était moins encore, parce que c'était davantage, et que les vainqueurs, n'étant pas sur le trône, gardaient dans la victoire les craintes et les passions des vaincus. Un seul homme, le vicomte de Chateaubriand, avait conservé, malgré sa foi de royaliste et de chrétien, un immuable ascendant sur l'opinion. Mais il était seul, sorte de lépreux haï des siens, et portant au front le *Génie du christianisme* comme une cicatrice immortelle qui ne parlait que pour lui. A côté de ces grands esprits sans faveur ou sans puissance, l'Église avait encore eu pour défenseurs les hommes maladroits, ceux qui outrent les fautes en croyant les rendre fortes, et qui, avec les meilleures intentions de tout sauver, perdraient Dieu lui-même, s'il pouvait être perdu. Que l'on juge, entre ces deux camps, du sort des jeunes générations. Condamnées à un enseignement qui ne dissimulait même plus son hostilité, elles sortaient de l'enfance en méprisant l'Évangile, et la liberté, accourant au-devant d'elles, couvrait de son image généreuse l'impiété qui les dévorait. Le reste, c'est-à-dire quelques âmes échappées par hasard, se trouvait recueilli dans une association pieuse protégée par des noms illustres, et où la faveur, qui semblait promise pour récompense à leur foi, leur attirait le soupçon, la haine et l'insulte. Encore ce fragile et douloureux édifice ne subsistait-il plus; la révolution de 1850 l'avait heurté du pied, et Ozanam arrivait pur, sincère, ardent, au milieu d'un abîme vide et muet.

Il ne se doutait pas que la Providence l'envoyait pour le combler, et qu'il était l'un des instruments choisis par elle pour relever devant les hommes l'inaliénable honneur de la vérité. C'était là sa mission, le but de sa vie. Il devait être, au lendemain de la défaite, l'un des premiers qui en changeraient la signification, le premier ou le second qui, au nom de Jésus-Christ, parviendrait à la sainte puissance d'une popularité sans tache. Ceux

qui n'ont pas vécu dans ces deux temps ne se représenteront jamais ce que fut le passage de l'un à l'autre ;
jamais, malgré ce que nous avons à dire, ils ne comprendront l'intérêt qui s'attache à la mémoire d'Ozanam. Pour nous, qui avons été de l'une et de l'autre
époque, qui avons vu le mépris et qui avons vu l'honneur, nos yeux se mouillent, en y pensant, de larmes
involontaires, et nous tombons en actions de grâces
devant celui qui est *inénarrable dans ses dons.*

Ozanam ne se doutait donc pas de la mission qu'il
venait remplir. Comme tout jeune homme chaste, dont
le regard n'a point plongé trop avant dans les mystères
du monde, il était timide et abordait difficilement les
célébrités qu'il avait l'ambition de connaître. Il était
porteur d'une lettre de recommandation de M. l'abbé
de Bonnevie, chanoine de Lyon, homme de ce grand
air sacerdotal que j'ai vu à plusieurs membres de l'ancien clergé français, et qui annonçait tout ensemble la
distinction de la nature et l'élévation de la grâce. M. de
Bonnevie aimait les jeunes gens, il les accueillait bien,
et la mémoire de son cœur lui a survécu plus que ses
sermons. La lettre qu'il avait donnée à Ozanam était
pour M. de Chateaubriand. Ozanam la retint plusieurs
mois sans en faire usage. Il ne pouvait se résoudre à
franchir un seuil qui lui semblait gardé par la gloire
elle-même. Enfin, au premier jour de l'an 1832, il se
décide, et, à midi précis, sonne en tremblant à la porte
d'une *puissance de ce monde,* comme Charles X, à Prague, désignait M. de Chateaubriand. Celui-ci rentrait
d'entendre la messe. Il reçut l'étudiant d'une manière
aimable et paternelle, et, après bien des questions sur

ses projets, ses études, ses goûts, il lui demanda, en le regardant d'un œil plus attentif, s'il se proposait d'aller au spectacle. Ozanam surpris hésitait entre la vérité, qui était la promesse faite à sa mère de ne pas mettre le pied au théâtre, et la crainte de paraître puéril à son noble interlocuteur. Il se tut quelque temps, par suite de la lutte qui se passait dans son âme. M. de Chateaubriand le regardait toujours, comme s'il eût attaché à sa réponse un grand prix. A la fin, la vérité l'emporta, et l'auteur du *Génie du christianisme*, se penchant vers Ozanam pour l'embrasser, lui dit affectueusement : « Je vous conjure de suivre le conseil de « votre mère ; vous ne gagneriez rien au théâtre, et « vous pourriez y perdre beaucoup. »

Cette parole demeura comme un éclair dans la pensée d'Ozanam, et lorsque quelques-uns de ses camarades, moins scrupuleux que lui, l'engageaient à les accompagner au spectacle, il s'en défendait par cette phrase décisive : « M. de Chateaubriand m'a dit qu'il « n'était pas bon d'y aller. » Il y fut pour la première fois en 1840, à l'âge de vingt-sept ans, pour entendre *Polyeucte*. Son impression fut froide. Il avait éprouvé, comme tous ceux dont le goût est sûr et l'imagination vive, que rien n'égale la représentation que l'esprit se donne à soi-même dans une lecture silencieuse et solitaire des grands maîtres.

Ce ne fut pas le seul fruit qu'il retira de cette visite. Le charme qu'elle avait laissé dans sa mémoire lui révéla l'importance de l'accueil fait aux jeunes gens par des hommes qui leur inspirent de l'admiration, et, lorsque lui-même eut franchi les bornes de l'élévation commune, lorsqu'il fut applaudi d'un grand auditoire, honoré et recherché, il se souvint de ses jours obscurs, et se donna généreusement à la jeunesse qu'on lui recommandait de toutes parts ou qui venait d'elle-même se présenter à lui. Cinq fois par semaine, c'est-à-dire tous les jours où il n'avait point à paraître devant le public, sa porte leur était ouverte de huit à dix heures du matin. Il les recevait avec grâce, s'entretenait long-temps avec eux, et quoique dévoré souvent par l'ardeur du travail qu'ils avaient interrompu, rien en lui ne laissait percer l'impatience ou le regret. Il se sentait prêtre devant ces âmes, et, comme saint Paul, *débiteur de toutes*. Aussi un grand nombre s'affectionnèrent-elles à lui, et son éclat, au lieu de l'isoler, comme il arrive presque toujours, lui suscita de chaudes amitiés dans ceux-là mêmes que l'âge eût dû retenir loin de son cœur. La religion seule a le secret de ce patriciat, le plus haut et le dernier de tous, qui attire vers la gloire en la rendant affectueuse, et lui fait des clients qui n'ambitionnent que d'aimer ce qu'ils admirent.

Ozanam eut le bonheur d'être lui-même le client d'un homme illustre, et d'avoir dans Paris pour pre-mière demeure un toit qui abritait tout ensemble la vieillesse, la science, la renommée et la religion. M. Ampère, c'est lui que je veux dire, était en France comme le patriarche des mathématiques. Il était de plus chrétien, et jamais, dans un temps si périlleux, il n'avait abusé de la science contre la vérité. Je ne dis pas assez : il était chrétien comme Képler, Newton ou Leibnitz, et qui l'eût rencontré sur les dalles de Saint-Étienne du Mont, agenouillé devant Dieu, n'eût pas vu de prière plus capable d'inspirer la foi en désarmant l'orgueil. J'ignore comment Ozanam était devenu l'hôte d'un si grand et si rare esprit, soit qu'il le dût à son père, soit à d'autres circonstances ménagées par celui qui rapproche l'hysope du cèdre et qui permettait aux petits enfants de jouer avec la main du Christ. M. Ampère se prit d'estime et d'affection pour le jeune étudiant que la Providence lui avait envoyé; il conversait souvent avec lui, le prenait à part dans son cabinet et lui exposait sa philosophie des sciences; il le faisait même travailler sous ses yeux, et l'on a conservé des pages écrites à moitié par l'un et par l'autre. Ces entretiens amenaient dans l'âme du savant, à propos des merveilles de la nature, des élans d'admiration pour leur auteur; quelquefois, mettant sa large tête entre ses deux mains, il s'écriait tout transporté : « Que Dieu « est grand ! Ozanam, que Dieu est grand ! »

Cette cohabitation dura deux années. C'étaient les premières qu'Ozanam passait à Paris. Elles lui ouvrirent de plus larges horizons que ceux où il avait vécu jusque-là, en lui donnant lieu de connaître et d'entendre dans le salon de M. Ampère des hommes éminents. M. Ballanche, son compatriote, fut celui qui le toucha davantage. C'était un homme doux, d'une célébrité modeste quoique réelle, parce qu'il hantait des sphères peu pratiquées de ses contemporains, et que son art de dire, si remarquable qu'il fût, n'atteignait pas non plus le vulgaire des admirateurs. Il y avait dans sa gloire comme dans ses pensées du mystère, et pour entrer dans ses œuvres, il fallait un peu le courage de l'initié aux portes d'Éleusis. Ozanam s'était ressenti vivement d'un de ses écrits, la *Vision d'Hébal*. Long-temps après, lorsque son cœur attristé revenait sur les faiblesses de ses premiers temps de Paris, il me parlait encore du bien que lui avait fait ce court épisode. « Qui « nous donnera, disait-il dans nos derniers entretiens, « qui nous donnera une *Vision d'Hébal?* » Hélas ! c'é-tait Dieu seul qui devait la lui donner en l'appelant aux splendeurs de l'autre vie.

Le lecteur se demandera sans doute ce que faisait enfin ce précoce étudiant, si favorisé de la nature et de la Providence. Il faisait ce que sa famille avait souhaité de lui. Fils obéissant, il portait sur les bancs de l'école de droit une intelligence docile et cependant rebelle, parce que tous ses instincts l'entraînaient ailleurs, aux grands rivages de la poésie, de l'histoire, de l'érudition littéraire et philosophique. Il lisait les anciens et les modernes, et, dans les intervalles perdus, jetait à son esprit comme une distraction la connaissance de l'ita-lien, de l'espagnol, de l'anglais et de l'allemand. Des amis de son âge, presque tous issus de sa ville natale, commençaient aussi à l'entourer et à lui disputer ses heures. Mais les joies de l'amitié, ni celles de l'étude et de la religion, ne parvenaient à le défendre d'une teinte de mélancolie. Car, si riche qu'il fût par ses dons, il en avait le contre-poids dans une santé faible et dans une tendance à s'inquiéter de l'avenir. Quel homme fut heureux d'ailleurs avec de grands dons? Quel vase habité par une âme d'élite n'a pas reçu du ciel la goutte d'absinthe qui doit le purifier? Ozanam, tout jeune encore, sentait vivement les misères de son siè-cle. S'il l'eût haï et méprisé, il eût pu demander à l'orgueil l'insouciance de la destinée commune . mais il aimait cet âge tourmenté du bien et du mal, il en espérait beaucoup, il le portait dans son sein comme un malade faisant effort vers la vie, et tout ce qui tendait à l'avilir ou à le détourner de sa route lui causait une sensible affliction. Aussi, à peine âgé de vingt ans, Dieu, qui l'avait prédestiné à une existence courte et remplie, lui inspira-t-il un dessein qu'on n'eût pas même attendu d'un homme consommé, et qui devait prendre place parmi les œuvres les plus fécondes et les plus mémorables de ce temps.

IV

Quoique Ozanam n'eût jamais éprouvé dans sa foi de défaillance positive, cependant il ne laissait pas de sentir combien ce don précieux avait besoin d'être gardé au milieu de la défaveur publique et de l'irruption sans mesure des systèmes philosophiques et religieux. Le dix-huitième siècle avait détruit, le dix-neuvième voulait reconstruire. Mais, ne partant d'aucune foi et d'aucune fin surnaturelles, il ne pouvait se donner pour principe que la raison, pour but le plus élevé que l'amélioration du genre humain dans le temps. De là des plans vastes, nouveaux, étrangers à tout ce qui avait précédé, annonçant avec enthousiasme le règne indéfini du bien-être sur la terre par une sainte réhabilitation de tous les plaisirs et une organisation pacifique de toutes les passions. Les thèmes étaient divers, le fond ne variait pas. Une foule d'esprits initiés aux sciences physiques et mathématiques, mais inhabiles à toute conception de l'ordre moral et religieux, s'étaient jetés dans ces spéculations, qui avaient une apparence gigantesque sans aucune force vitale, et qui devaient crouler devant l'impuissance d'une réalisation même éphémère, comme tout ce qui n'a pas en soi le souffle divin du bon sens. Quiconque n'admet pas comme un élément du monde le mal de l'âme, qui est le péché, et le mal du corps, qui est le châtiment du péché, celui-là bâtit sur le néant : comme il y a dans l'air respirable un principe mortel, il y a dans la société humaine un principe de corruption. Il faut le combattre, mais non pas le nier, et, en le combattant, il faut être certain qu'on ne le déracinera jamais du sol où l'homme est semé. L'homme est un être libre, et chaque pulsation de sa vie produit le bien et le mal, comme la contradiction où s'exerce sa liberté. Mais ce qui est évident pour le chrétien ne l'est pas toujours pour le génie lui-même, bien moins encore pour les esprits médiocres qui croient en eux. Du temps qu'Ozanam fréquentait la poudre de la jurisprudence, ces systèmes éclos avant la révolution de 1830 avaient puisé dans le succès de l'événement politique une nouvelle énergie; ils affectaient des prétentions religieuses au nom de la négation morale, ils se donnaient des costumes officiels, ils préparaient des temples sur les hauteurs de Paris, ils ébranlaient enfin l'opinion, et l'on pouvait craindre que ce bruit ne fût de la puissance.

Inquiets, mais non troublés, plusieurs jeunes gens s'étaient réunis avec Ozanam pour traiter toutes ces questions et tenir tête, au nom de l'Évangile et de

Jésus-Christ, à l'orgueil prophétique des nouveaux venus. Je dis l'orgueil prophétique, parce que c'était leur coutume de se donner l'avenir, et, tout en reconnaissant les bienfaits du christianisme dans le passé, de le dire impuissant à extirper le mal du monde, ce à quoi, en effet, le christianisme ne prétend pas. Après nombre de discussions d'histoire et de philosophie, Dieu, qui est avec ceux qui le cherchent, illumina le cœur de ces jeunes gens. Ils étaient huit, et je ne blesserai le souvenir d'aucun d'eux en assurant qu'Ozanám, quoique leur condisciple, était le saint Pierre de leur obscur cénacle. Il n'a jamais réclamé cet honneur. Peu de mois avant sa mort, à Florence, il racontait dans une nombreuse assemblée de jeunes Toscans les origines de la Société de Saint-Vincent de Paul, et il disait seulement qu'il était des *huit* à qui la chrétienté est redevable, après Dieu, de cette fondation. Il était donc des *huit*, cela suffit à sa mémoire, et si Dieu l'a fait le premier entre ses pairs, il l'a fait aussi le premier dans la mort.

Ces huit jeunes gens, au mois de mai 1833, eurent donc cette inspiration, de prouver une fois de plus que le christianisme peut en faveur des pauvres ce qu'aucune doctrine n'a pu avec lui et après lui; et, tandis que les novateurs s'épuisaient en théories qui devaient changer le monde, eux, plus modestes, se prirent à monter les étages où se cachait la misère de leur quartier. On les vit, dans la fleur de l'âge, écoliers d'hier, fréquenter sans dégoût les plus abjects réduits et apporter aux habitants inconnus de la douleur la vision de la charité. La charité est belle en quiconque l'accomplit; elle est belle dans l'homme mûr qui retranche une heure à ses affaires pour la donner aux affaires de la souffrance; elle est belle dans la femme qui s'éloigne un moment du bonheur d'être aimée pour porter l'amour à ceux qui n'en connaissent plus que le nom; elle est belle dans le pauvre qui trouve encore une parole et un denier pour le pauvre : mais c'est dans le jeune homme qu'elle apparaît tout entière, telle que Dieu la voit en lui-même au printemps de son éternité, telle que Jésus la voyait, au jour de son pèlerinage, sur le front de saint Jean. Fille de la foi, Ozanam et ses amis voulurent lui confier la leur comme à une mère, et ce fut leur intention que la charité servît de médiatrice aux générations de leur siècle et y versât la lumière que le raisonnement éperdu y répandait en vain.

Vingt ans après, dans cette réunion de Florence que je mentionnais tout à l'heure, et où Ozanam mourant tirait de sa poitrine les dernières paroles éloquentes qu'il ait prononcées en public, il pouvait dire avec l'assurance de l'homme qui a rempli sa tâche sous l'œil et avec le bras de Dieu : « Au lieu de huit, à Paris « seulement nous sommes deux mille, et nous visitons « cinq mille familles, c'est-à-dire environ vingt mille « individus, c'est-à-dire le quart des pauvres que renferme cette immense cité. Les conférences, en France « seulement, sont au nombre de cinq cents, et nous « en avons en Angleterre, en Espagne, en Belgique, « en Amérique, et jusqu'à Jérusalem. C'est ainsi qu'en « commençant humblement on peut arriver à faire « de grandes choses, comme Jésus-Christ, qui de l'a-

« baissement de la crèche s'est élevé à la gloire du
« Thabor. »

O sainte fécondité des œuvres divines! Société de Saint-
Vincent de Paul, que nos yeux ont vue naître dans Paris
de quelques jeunes gens exposés à tous les prestiges de
leur siècle et à tous les périls de leur âge, non, vous
ne périrez jamais dans notre mémoire, et jamais non
plus n'y périra l'espérance que vous nous avez donnée
des bénédictions de Dieu!

C'était de loin que la Providence s'y était prise pour
préparer l'avénement d'une œuvre qu'elle destinait à
une si prompte et si admirable diffusion. Ozanam en
avait puisé le germe dans son propre sang, et lorsqu'il
montait l'escalier des pauvres, il pouvait y retrouver les
pas de son père et de sa mère. Tous deux, en effet,
avaient l'habitude de visiter en personne les indigents;
tous deux, déjà vieillis, se défendaient l'un à l'autre de
monter au delà du quatrième étage; mais, la charité
trompant leur prudence réciproque, il leur arrivait de
se rencontrer en flagrant délit au même palier. Instruit
à une telle école, Ozanam n'avait point séparé la foi
des œuvres; il avait appris de bonne heure à joindre
aux mouvements de l'âme qui le portaient vers Dieu
les mouvements d'une tendresse plus sûre de ne pas se
faire illusion, et il voyait Jésus-Christ dans les pauvres pour être certain de le voir et de le posséder dans
son cœur. Au lieu que, d'ordinaire, le goût des spéculations de l'esprit incline à oublier les douloureuses
réalités de la vie, Ozanam avait reçu à la fois les deux
dons, celui d'une ardeur scientifique extrême et celui
d'une sensibilité non moins active aux maux de ses

frères. Il traitait les pauvres avec le respect le plus af-
fectueux. Venaient-ils chez lui, il les faisait asseoir dans
ses fauteuils, comme des hôtes de distinction. Allait-il
chez eux, après leur avoir donné son argent, sa parole
et son temps, il ne manquait pas d'ôter son chapeau et
de leur dire avec un salut gracieux qu'il affectionnait.
« Je suis votre serviteur. » Le jour de Pâques, il leur
portait de petits cadeaux, tels qu'un bénitier, une
Vierge, un Christ, ou un pain plus délicat choisi exprès.

Le matin d'un jour de l'an, celui de 1852, le dernier qu'il ait vu à Paris et l'avant-dernier qu'il ait vu au
monde, il dit à sa femme qu'une telle famille était
bien malheureuse, qu'elle avait été obligée de mettre
au mont-de-piété sa commode de mariage, dernier reste
d'une ancienne aisance, et qu'il avait envie de la leur
rendre pour leurs étrennes du premier de l'an. Sa
femme l'en dissuada par des raisons plausibles, et il
s'y rendit. Le soir venu, au retour des visites officielles,
Ozanam était triste; il jeta un regard douloureux sur
les jouets entassés aux pieds de sa fille, et ne voulut pas
toucher aux bonbons qu'elle lui présentait. Il était aisé
de comprendre qu'il regrettait la bonne œuvre manquée
le matin. Sa femme l'ayant supplié de suivre sa première pensée, il partit aussitôt pour racheter le meu-
ble, et après l'avoir accompagné lui-même jusque chez
ces pauvres gens, il rentra tout heureux.

Comme tous ceux qui font du bien, Ozanam était
trompé quelquefois. Il avait longtemps secouru un Ita-
lien en lui demandant des traductions dont il n'avait
nul besoin. Cet étranger, placé par lui, trahit la confiance de l'établissement qui l'avait reçu, et, pressé par

la misère, il revint à celui dont il connaissait le cœur et la porte. Ozanam, pour la première fois, l'accueillit durement et lui refusa l'aumône. Mais à peine était-il seul, que le remords entra dans sa conscience. Il se disait intérieurement « qu'on ne doit jamais réduire un « homme au désespoir, et qu'on n'a pas le droit de re- « fuser un morceau de pain au plus vil scélérat ; que « lui-même un jour aurait besoin que Dieu ne fût pas « inexorable pour lui, comme il venait de l'être pour « une de ses créatures rachetées de son sang. » N'y pouvant plus tenir, il prend son chapeau, court à tou- tes jambes à la recherche de ce malheureux, le retrouve au milieu du Luxembourg et lui donne avec l'aumône une preuve de son repentir et de sa charité.

Un dernier trait achèvera de le peindre sous ce rap- port. Il avait compris que, sans un budget régulier des pauvres, l'aumône est toujours pesante, incertaine, et au-dessous de la part qu'on lui doit. C'est pourquoi son budget des pauvres était exactement dressé chaque année, et il s'élevait ordinairement au dixième de ses dépenses, quelquefois plus haut. En cette manière, le sacrifice une fois fait, le visage de personne ne lui était importun. Il savait que le petit trésor était là. La seule question était la quantité de bonheur qu'il se donne- rait en le distribuant à propos.

Telle fut donc l'origine de la société de Saint-Vin- cent de Paul, telle fut la première œuvre d'Ozanam, et, je l'ai dit, il n'avait que vingt ans.

Mais, avant de le suivre plus loin, je ne puis omettre une remarque. Depuis le rétablissement du culte catho- lique en France, c'est-à-dire depuis les premières années du siècle, toutes les associations intimes, fondées au nom de la foi, avaient été mêlées d'un élément étranger. Les affinités politiques étaient le levain secret qui se cachait plus ou moins sous la sincérité réelle qu'on y apportait. Ozanam et ses amis rompirent avec cette tradition. Ils déclarèrent que dans une œuvre de charité, non moins qu'à l'église devant Jésus-Christ, il n'y *avait plus de Juif ni de Grec*, et que quiconque aimerait les pauvres serait le bienvenu parmi eux, sans que jamais on s'enquît des opinions qui gouvernaient sa pensée. Non pas que ce fût de leur part un mépris des opinions, ou qu'ils voulussent fonder leur ouvrage sur l'indifférence des choses du temps. Les choses du temps sont toujours bonnes ou mauvaises, vraies ou fausses, utiles ou nuisibles, et par conséquent un chrétien en tient le compte qu'il doit : mais ce ne sont néanmoins que des choses qui passent, et le don du Christ est de nous élever plus haut, dans des régions où l'on n'aperçoit plus les contradictions humaines, où on les oublie du moins dans un rapprochement qui est la grande trêve de Dieu. Saint Vincent de Paul, choisi par Ozanam et ses coopérateurs pour signe de ralliement, était lui-même un nom pacifique, un nom cher au monde comme à l'Église, et dont le prestige, tenant du ciel et de la terre, convenait à toute âme généreuse comme à tout bon dessein.

Aussi, une fois la barrière ouverte, nul ne resta dehors de ceux qui étaient capables de donner à Dieu une heure de leur temps, et la société de Saint-Vincent de Paul est devenue, selon une heureuse expression de Saint Vincent de Paul lui-même, *le parti de Dieu et des pauvres*, l'agape universelle, la résurrection de l'unité entre ceux qui veulent travailler au salut du monde sans prendre les livrées d'un apostolat trop fort pour leur vocation ou leur vertu. Les révolutions elles-mêmes, qui avaient déraciné tant d'autres œuvres, ont respecté celle-ci. Le parfum sans tache de la charité a écarté d'elle le soupçon; on a cru à sa sincérité parce qu'elle a été sincère.

V

Le lecteur se persuade peut-être que le soin des pauvres, uni à l'étude de la jurisprudence et à la culture des langues, épuisait l'activité d'Ozanam; ce serait une erreur. Il y avait à la Sorbonne et au collége de France des tribunes chères à la jeunesse, mais qui, trop souvent, manquaient envers le christianisme de justice et de vérité. Ozanam assistait aux cours les plus célèbres. Appréciateur du mérite, même chez des ennemis, il écoutait tout ensemble avec plaisir et avec réserve. Ses notes prises, il rentrait chez lui, recherchait les faits à leur source, les rectifiait; puis, seul le plus souvent, quelquefois avec des amis, même avec des jeunes gens inconnus dont il sollicitait la signature, il adressait au professeur une lettre grave et raisonnée, où il l'avertissait de ses torts et le conjurait avec un accent de sainte naïveté de réparer le dommage qu'il avait fait à des intelligences auxquelles il devait la lumière. M. Jouffroy reçut un jour une de ces lettres, signée *Ozanam, étudiant*. Il avait connu dans son enfance le souffle de Dieu, et, même avant de mourir, il en eut des retours qui ont honoré sa mémoire. La lettre d'Ozanam le toucha. Il y était dit que bien des jeunes gens qui assistaient à son cours étaient chrétiens, et qu'ils souffraient doulourcusement de voir un homme comme lui, éloquent, généreux et sans doute sincère, se permettre contre leur foi des attaques auxquelles ils ne pouvaient pas répondre, puisque le respect de l'ordre et de sa personne leur commandait un silence absolu. M. Jouffroy, dans la leçon qui suivit, donna connaissance à son auditoire des observations qu'il avait reçues, loua l'auteur de la convenance et du savoir dont il avait fait preuve ; puis, avec une droiture qui mérite d'être rappelée, il désavoua ce qu'il avait dit au préjudice de la vérité. « Messieurs, « ajouta-t-il, il y a cinq ans, je ne recevais que des ob- « jections dictées par le matérialisme ; les doctrines « spiritualistes éprouvaient la plus vive résistance : au- « jourd'hui les esprits ont bien changé, l'opposition est « toute catholique. »

Depuis ce jour, et jusqu'à des temps où les passions s'envenimèrent, on remarqua dans les professeurs les plus accrédités une circonspection qu'ils n'avaient pas montrée d'abord.

Mais ce n'était là qu'un palliatif, une diminution d'infériorité. Ozanam s'affligeait qu'il n'y eût pas à Paris, en présence de tant de chaires hostiles ou indifférentes, et devant une jeunesse si nombreuse, une chaire dont l'éclat fît le contre-poids des gloires de l'erreur et leur disputât l'ascendant. Sans doute, la vérité ne régnera jamais seule ; son sort est de combattre et d'avoir par conséquent d'illustres ennemis. Mais si son empire, pour être grand et durable, doit être contesté, il ne lui est pas interdit d'avoir des défenseurs dignes d'elle ; et, de fait, dans toute la suite de son histoire, on voit presque toujours le père de l'Église à côté du sophiste éloquent, Origène en face de Porphyre, saint Basile auprès de Libanius. La liste de ces oppositions serait grande ; elle a commencé à Lucifer et à l'archange saint Michel, elle ne se clora qu'au dernier jour du monde. Aussi Ozanam, qui savait les voies de Dieu, ne désespérait-il pas d'obtenir pour son âge la consolation donnée à tant d'autres qui avaient précédé le sien. Seulement la modestie ne lui eût pas permis de croire qu'il était l'homme élu, et que bientôt, dans ces mêmes lieux où il allait entendre des voix qui l'affligeaient, la sienne, la sienne elle-même, maîtresse des cœurs, ouvrière intrépide de la vérité, arracherait à une foule émue douze années d'applaudissements.

Mais le lever de ces beaux jours était encore dans l'ombre. En attendant, il plut à la divine providence d'accomplir à quelque degré le vœu de son serviteur. M. de Quélen, archevêque de Paris, fonda les conférences de Notre-Dame, destinées à initier la jeunesse aux preuves fondamentales du christianisme et à l'attirer vers la lumière par le charme même de la lumière. Ozanam ne fut pas sans influence sur cette fondation. Il l'avait sollicitée du pieux et noble archevêque, de concert avec quelques-uns de ses amis.

Cependant sa carrière ne se dessinait pas. Elle fut même un instant sur le point de se tromper elle-même, tant il est difficile à l'esprit le plus pénétrant de discerner sa place et de savoir ce que la Providence lui veut.

Ozanam, comme tout écolier de jurisprudence, avait subi les épreuves qui terminent cette étude, et, voulant tendre un peu plus loin par l'ardeur de son esprit, il avait ambitionné et obtenu le titre de docteur en droit. Sa thèse est datée du 30 août 1836. Presque aussitôt, changeant son front de bataille, il avait aspiré au même honneur dans la faculté des lettres, et, à l'issue d'une double thèse latine et française, la première *sur la descente des héros aux enfers dans les poëtes de l'antiquité*, la seconde *sur le Dante et la Divine Comédie*, l'année 1839 avait couronné ses désirs. C'était plus qu'un succès, c'était une révélation. M. Cousin, l'un de ses juges, n'avait pu s'empêcher de lui dire en l'entendant : *Ah! monsieur Ozanam, on n'est pas plus éloquent que cela.* La sombre figure du Dante, qu'il avait évoquée du treizième siècle avec sa triple auréole de poëte, de docteur et de proscrit, avait elle-même éveillé son génie, et à vingt-six ans, au témoignage d'un maître dans l'art d'écrire et de parler, au témoignage plus sûr encore de l'applaudissement public, il avait pu se dire : Ce n'est pas un songe, l'éloquence m'a visité! Mais ce fut en vain. Une tentation l'assaillit aux portes mêmes du temple, quand déjà la destinée le tenait par la main.

La ville de Lyon avait obtenu du gouvernement la création d'une chaire de droit commercial, et elle avait demandé au ministre, pour premier titulaire, son jeune et brillant concitoyen, Frédéric Ozanam. Qui peut être insensible au bonheur de revoir son pays natal, d'y re- trouver sa famille, ses amis, ses souvenirs, en leur rap- portant, après quelques années d'absence, un mérite

déjà reconnu et déjà récompensé? Ozanam ne fut pas
assez fort contre cette subite apparition d'un bonheur
honorable et assuré. Il eut peur des hasards, et, comme
un cheval qui obéit au premier signe qui lui commande l'arrêt, il se hâta de tourner la tête pour ne pas
voir et ne pas entendre l'autre signal qui lui avait été
donné !

Heureusement que Dieu appelle de nos fautes. Il ne
ratifie pas du premier coup nos timidités et nos refus.
Après avoir professé le droit commercial à Lyon, pendant une année, avec la solidité d'un vieux docteur et
la verve d'un jeune érudit, Ozanam se sentit défié par
un concours qui s'ouvrait à Paris pour le titre d'agrégé
à la Faculté des lettres. C'était un titre nouveau, qui
ne répondait à rien dans la classification traditionnelle
des grades littéraires et scientifiques, mais qui confé-
rait des droits et rapprochait des hautes chaires de l'enseignement. Pour la première fois, Ozanam se trouvait
en présence de rivaux, dans une scène animée par le
talent d'autrui. Il y déploya, durant quinze jours, un
savoir et une promptitude de ressources qui firent de
ce concours un spectacle émouvant. Le sort même vint
ajouter son angoisse et sa péripétie à l'intérêt de l'ac-
tion. Il condamna Ozanam à préparer en vingt-quatre
heures une leçon orale sur les scoliastes. Que dire des
scoliastes, les eût-on connus? Le lendemain, tout le
monde était tremblant : mais Ozanam, dans le sujet le
plus ingrat du monde, sut encore être habile, disert,
ingénieux, fécond en rapprochements inattendus, et il
charma d'autant plus qu'on avait douté davantage de
son succès. Le premier rang du concours lui fut donné

par le suffrage unanime de ses juges, et aux acclamations du public.

Néanmoins il doutait encore. Vainement M. Fauriel, professeur de littérature étrangère à la Sorbonne, lui offrait la suppléance de sa chaire : Lyon et le droit commercial le fascinaient comme un bien acquis, un port où il était entré. Ce fut M. Ampère, le fils du mathématicien, qui eut l'honneur de persuader Ozanam et de l'enchaîner à son triomphe. Digne fils d'un père illustre, M. Ampère avait conservé pour le jeune hôte de sa maison une sorte de tutelle tempérée par l'amitié; il lui avait ouvert sans jalousie les chemins de l'érudition, et, au moment décisif, l'enlevant à des hésitations qui n'étaient plus qu'un suicide, il lui marqua sa place avec la sagacité d'un augure et l'autorité d'un maître.

On était à la fin de 1840 : Ozanam avait vingt-sept ans.

C'est un beau jour que celui où, parvenu à mi-chemin de la vie, tout voile levé, toutes incertitudes dissipées, le front serein et le cœur à l'aise, l'homme a le secret de Dieu sur lui et assoit la tente où il achèvera de vivre. Jusque-là les plus beaux rêves sont troublés, le découragement succède à l'exaltation, et plus on a reçu de Dieu, plus ses dons, en nous ouvrant des perspectives, ajoutent au mélancolique tourment de l'avenir. Ozanam en avait souffert : sa nature était inquiète et un peu fébrile. Aussi dut-il éprouver une grande dilatation lorsque enfin il connut la volonté de Dieu et y eut acquiescé. Issu d'une famille honorable, mais médiocre, venu à Paris simple étudiant, il avait, en neuf années d'efforts, conquis un rang distingué dans une double carrière, la jurisprudence et les lettres, occupé une chaire de droit et mérité la suppléance d'un cours célèbre à la Sorbonne. M. Ampère lui avait donné l'hospitalité, M. de Montalembert le recevait amicalement; tout ce qu'il y avait parmi les chrétiens d'hommes éminents ou en voie de le devenir pressentait en lui un successeur ou un compagnon d'armes. La possession prématurée d'une si belle vie n'enfla point son cœur. Il demeura vrai, ouvert, cordial et laborieux, noble effet d'un naturel que la raison éclairait de toute sa lumière et que la foi avait purifié du levain de l'orgueil. Ce point si envié de l'assiette dans le succès, qui est presque toujours le signal d'une transformation égoïste dans le cœur de l'homme, avait laissé Ozanam tel qu'il était. On l'eût pris encore, allant à sa chaire de Sorbonne, pour un simple étudiant. Sa tenue n'avait pas changé, son regard était honnête et doux; il lisait volontiers en chemin, mais sans que l'application l'empêchât de voir les marques de sympathie dont il était l'objet, et il rendait toujours en honneurs plus qu'on ne lui avait accordé. Pendant vingt ans que je l'ai connu, je l'ai vu troublé, indigné, mais sans qu'il m'ait été possible d'y découvrir jamais l'ombre de hauteur ou d'affectation, ce qui est le signe certain d'une âme plus grande que la fortune et qui voit Dieu constamment.

Il y eut un piége qu'Ozanam n'évita point. Dès qu'il fut heureux, il voulut donner son bonheur et augmenter le sien en le partageant. Oserai-je dire, quoique Dieu l'ait absous en bénissant son union, qu'il était encore bien jeune pour une félicité si ennemie des grandes muses? Comme le prêtre, l'homme de lettres est consacré, et si le ministère des âmes exige un culte

de soi-même, le ministère de la pensée, quand on est
digne de lui, exige aussi des austérités. Il est difficile,
au milieu des joies domestiques, de conserver l'assi-
duité du travail et la liberté de l'intelligence, et plus
difficile encore de retenir ses besoins dans la modestie
de ses ressources. La pauvreté est la compagne inévitable de l'homme de lettres qui a résolu de ne vendre
sa plume ni à l'or ni au pouvoir; et la pauvreté n'est
douce qu'à l'homme solitaire qui vit dans l'immortalité
de sa conscience et n'a jamais qu'un malheur à pré-
voir ou à porter. Mais Ozanam était d'un siècle où l'on
n'attend pas, et il se laissa prendre à la certitude de
rendre heureuse avec lui une chrétienne rachetée du
même sang que lui. Il ne se trompait pas. Il avait
amassé dans son cœur un trésor de chasteté qui était le
signe d'un trésor de tendresse, et il pouvait s'exposer
sans crainte à ce flot des ans qui emporte tout amour,
excepté l'amour produit et gardé par la vertu. Son mariage eut lieu dans l'été de 1841. Il épousa mademoi-
selle Soulacroix, fille de M. Soulacroix, recteur de l'A-
cadémie de Lyon. Presque aussitôt il conduisit sa
femme en Italie, pays qu'il avait déjà visité avec sa mère
aux vacances de 1832, et vers lequel le rappelait le
souvenir des émotions et des révélations qu'il en avait
reçues. C'était à Rome, devant la fresque du Saint-Sa-
crement de Raphaël, à Florence devant les tombeaux
de l'église de Sainte-Croix, que la figure du Dante,
l'Homère du christianisme, lui était apparue, tout illu-
minée des obscurités de son siècle et placée par la Providence entre Virgile et le Tasse, comme le Titan de la
poésie. Il revit ces beaux lieux tout peuplés de grands

hommes et de grandes choses, ces lieux qui sont pour nous des ancêtres, et qui, malgré les ruines du passé et celles de l'avenir, seront l'éternel pèlerinage des esprits cultivés. Il les revit, tenant d'une main sa compagne ravie, lui montrant de l'autre les horizons chers à sa mémoire, les temples, les palais, les aqueducs, les tombeaux des Romains, les reliques des martyrs, les marbres couchés et les bronzes vivants, toute cette antique armée que l'inépuisable fécondité de l'Italie garde, accroît et tient debout. La Sicile, jetée au seuil extrême de tant de beautés comme une sentinelle et un phare, lui ouvrit aussi ses villes, où le souffle des enfants du Nord a remué les cendres de l'Etna et recouvert des inspirations du christianisme les débris du génie grec.

Au retour de cette course rapide, qui était une halte entre sa jeunesse finie et son âge mûr commencé, Ozanam parut dans sa chaire, qui ne le connaissait encore qu'à demi.

VI

Ceux-là seuls qui ont dit leur âme devant un auditoire savent les tourments de la parole publique, tourments qui arrachaient à Cicéron ce cri plaintif : « Quel « est l'orateur qui, au moment de parler, n'a senti ses « cheveux se roidir et ses extrémités se glacer? » Ozanam, plus qu'un autre, était sujet au mal de l'éloquence, parce que ses organes trop faibles ne répondaient qu'imparfaitement aux secousses de son inspiration, et qu'une timidité naturelle enchaînait aussi sur ses lèvres et dans tout son être l'éclat de ses facultés. Défiant de lui-même, il se préparait à chacune de ses leçons avec une fatigue religieuse, amassant des matériaux sans nombre autour de sa pensée, les fécondant par ce regard prolongé de l'intelligence qui les met en ordre, et enfin leur donnant la vie dans ce colloque mystérieux de l'orateur qui se dit à lui-même ce qu'il dira demain, ce soir, tout à l'heure, à l'auditoire qui l'attend. Ainsi armé, tout pâle cependant et défait, Ozanam montait à sa chaire. Il n'y avait rien de bien ferme et de bien accentué dans son début; sa phrase était laborieuse, son geste embarrassé, son regard mal sûr et craignant d'en rencontrer un autre; mais peu à peu, par l'entraînement que la parole se communique à elle-même, par cette victoire d'une conviction forte sur l'esprit qui s'en fait l'organe, on voyait de moment en moment la victime grandir, et lorsque l'auditoire lui-même était une fois sorti de ce premier et morne silence si accablant pour l'homme qui doit le soulever, alors l'abîme rompait ses digues et l'éloquence tombait à flots sur une terre émue et fécondée. Des applaudissements sincères répondaient à l'orateur, et tout palpitant d'un bonheur acheté par huit jours de travail et par une heure de verve, il retournait chez lui retrouver la peine, qui est la condition de tout service et l'instrument de toute gloire.

Il n'est pas ordinaire qu'un homme érudit soit un homme éloquent. La patience nécessaire à l'investigation des livres et des antiquités s'allie mal au feu qui jaillit d'une pensée créatrice : on n'aime pas, quand on peut jeter des mondes dans l'espace par un souffle de sa vie propre, chercher péniblement sa route à travers des astres vieillis et trop souvent éteints. Ozanam, par un don singulier, possédait à la fois l'éloquence et l'érudition. L'une lui était aussi naturelle que l'autre. Il pouvait toute une nuit veiller dans les régions abstruses d'une langue ensevelie ou d'une œuvre inconnue, et le lendemain écrire des vers, préparer un discours, s'échauffer solitairement dans la contemplation directe du vrai et du beau. Non-seulement l'une et l'autre faculté lui appartenaient de naissance, mais l'une et l'autre étaient éminentes chez lui. Il était grand dans la poudre, avec la pioche du mineur, et grand dans la lumière, avec le simple regard de l'esprit. Cela lui donnait sa physionomie, mélange de solidité et d'enthousiasme jeune et ardent.

Le cours dont il était chargé, au vieux sanctuaire des lettres parisiennes, exigeait précisément de lui l'incomparable souplesse de sa nature. Il devait initier son auditoire, non pas aux littératures de la Grèce et de Rome, mais aux lettres étrangères, c'est-à-dire aux grands travaux de l'esprit dans les idiomes contemporains. Ce champ était, pour ainsi dire, sans mesure ; car, tandis que l'antiquité n'a produit que trois langues dignes de se survivre par la perfection de leurs monuments et par leurs rapports avec l'éternelle vie du christianisme, les temps nouveaux ont réparti la puissance et la fécondité des lettres à tous les peuples issus de Jésus-Christ. Ce qu'avait dit saint Paul, qu'il n'y a plus de *barbares,* s'est accompli dans les arts de l'esprit aussi bien que dans l'ordre des mœurs. Le flambeau de David et d'Homère a secoué sa flamme sur toutes les nations chrétiennes : toutes ont leurs poëtes, leurs historiens, leurs orateurs, et qui veut s'initier aux littératures étrangères, loin d'entreprendre une excursion au dehors, se trouve jeté au centre du génie universel, dans des voies et des splendeurs qui n'ont plus de limites. Ozanam s'était préparé toute sa vie, comme s'il en eût reçu l'ordre exprès de la Providence, à cette infatigable exploration. Il savait à fond les principales langues modernes, et il lui fut aisé, dès qu'il en eut mission, de pénétrer dans les richesses dont il devait la découverte et le partage à ses auditeurs. Mais ce qui n'eût été pour un autre, moins chrétien et moins profond, qu'une exposition éloquente des beautés de la pensée humaine sous ces vêtements divers, ne pouvait être pour Ozanam qu'une prédication de la vérité. Toucher aux langues et aux œuvres nouvelles, c'était rencontrer à chaque pas ce qui en fait l'âme et la nouveauté, c'est-à-dire le christianisme, et rencontrer le christianisme, c'était pour lui le défendre et l'exalter.

Peut-être, s'il eût consulté la prudence plus que l'élan de sa foi, eût-il hésité à convertir son enseignement en une démonstration évangélique. Les temps étaient émus, et ils devaient s'envenimer. Une polémique ardente, soutenue dans les journaux et à la tribune contre le monopole de l'enseignement par l'État, préparait à l'Église de sanglantes et prochaines représailles. Il était naturel de craindre que le contre-coup ne s'en fît sentir dans un auditoire rassemblé sous un professeur trop vivement chrétien. Mais cette considération n'arrêta point Ozanam. Même aux plus mauvais jours, lorsqu'une chaire voisine de la sienne et animée d'un esprit semblable tombait sous l'effort des passions, il ne diminua rien du courage de ses lèvres et de la simplicité de son cœur. Dieu bénit l'une et l'autre. Tout lui fut pardonné pendant douze années, et il mourut populaire comme il avait vécu.

C'est un rare secret que celui de la popularité, j'entends la popularité véritable, celle qui ne s'achète point par de lâches concessions aux erreurs d'un siècle, mais qui entoure d'une auréole prématurée l'honnête homme vivant. Autant qu'on peut le découvrir par l'histoire, la première condition de cette popularité solide est dans d'inébranlables certitudes et de persévérantes directions. L'homme qui change d'esprit, si son désintéressement est reconnu, conservera peut-être l'estime; il ne conservera ni la confiance ni l'autorité. Il n'y a que les convictions invincibles qui règnent sur les âmes, lorsqu'elles sont au service d'une cause qui intéresse les générations, et que le talent y rehausse la fermeté de la conduite et l'éclat du dévouement. Même encore, toutes ces conditions remplies, il n'est pas impossible qu'un homme échappe à la popularité, si quelque chose de bienveillant ne tempère en lui la force du caractère et n'abaisse la hauteur du génie. C'est la bonté qui rend Dieu populaire, et l'homme à qui elle manque n'obtiendra jamais l'amour, sans lequel subsiste bien la renommée, mais non pas la gloire. C'est l'amour qui fait de la gloire une si belle chose, et qui inspire au chrétien ce cantique dont le ciel et la terre ne se lassent point : *Gloire au Père, au Fils, au Saint-Esprit, maintenant et dans tous les siècles des siècles.*

Or, à regarder Ozanam tel que nous l'avons possédé

vingt ans, il me semble reconnaître dans sa personne l'ensemble des traits qui expliquent et justifient la popularité. Dès sa première jeunesse, on voit poindre en lui une conviction profonde du christianisme, avec un désir précoce de lui consacrer tous les travaux de son esprit. Sa correspondance la plus reculée offre des traces sans nombre de cette disposition forte et généreuse qui devait bientôt le présenter au respect des chrétiens de son âge, et plus tard à leur reconnaissante admiration, lorsque le succès eut justifié les espérances qu'ils avaient mises dans les premiers éclairs de son talent. Nul homme de foi, au moins d'une foi éclatante, n'avait encore paru dans les chaires qui retentissaient chaque jour d'applaudissements donnés à d'autres doctrines en d'autres orateurs. Quarante ans d'absence à ces rostres de la littérature signalaient au mépris le génie épuisé des chrétiens de France : Ozanam y monte, il y monte à vingt-sept ans, et de cette bouche qui depuis déjà longtemps avait éveillé la charité endormie au sein de la jeunesse et créé la société de Saint Vincent de Paul, il laisse tomber une parole où l'art le dispute à l'érudition. Rien n'est déguisé, rien n'est affaibli, de ce qui pourrait blesser des esprits mal accoutumés à la présence et au courage de la vérité. L'orateur est jeune, il est sincère, ardent, instruit : Athènes l'écoute, comme elle eût écouté Grégoire ou Bazile, si, au lieu de retourner dans les solitudes de leur patrie, ils eussent, au pied de l'Aréopage où prêchait saint Paul, ouvert ce trésor de goût et de savoir qui devait illustrer leurs noms. Ozanam avait encore un charme, un charme sans lequel il eût sans doute péri, mais qui, ajouté à ses au-

tres dons, achevait en sa personne l'ouvrier d'une sé-
duction prédestinée : il était doux pour tout le monde
et juste envers l'erreur.

Quand on lit l'*Histoire des variations* de Bossuet, une
des choses qui frappent le plus dans ce mâle génie,
c'est sa bonté. Il tient sous sa verge, et c'était la plus
terrible qu'une main d'homme eût portée depuis Moïse,
il y tient les premiers auteurs d'un schisme détestable,
qui avait arraché à l'Église une moitié du monde et
créé des maux dont le regard de Bossuet embrassait
avec effroi toute l'immensité. Cependant nulle part vous
ne rencontrez l'injure, mais une discussion puissante et
calme, un épanchement sérieux de la vérité; et, lorsque
les personnes doivent inévitablement paraître avec leurs
faiblesses et leurs crimes, on sent que l'historien est trop
loin dans la paix pour leur insulter. Il montre ces
grands coupables tels qu'ils furent, sans leur refuser
rien de ce qui peut encore exciter l'intérêt; et, comme
pour se reposer d'un spectacle qui lui est douloureux,
il consacre un chapitre tout entier à pleurer l'âme et le
souvenir de Mélanchton. C'est que Bossuet était de la
race de ceux en qui l'Évangile n'est diminué ni par le
défaut de vues ni par les passions et l'inclémence du
cœur : il avait la main droite sur le *lion de Juda* et la
gauche sur l'*agneau* immolé avant tous les siècles. On
ne se fait guère ainsi, on est fait de Dieu, quand Dieu,
pour toucher le monde, veut unir la tendresse au génie
dans une même créature.

Ozanam était de ces créatures privilégiées. Au jour de
son baptême invisible, il avait reçu l'huile avec le vin,
et ces deux sources nées en lui le même jour l'avaient

fait croître en grâce devant Dieu et devant les hommes. On a beau lire les pages qu'il nous a laissées, on a beau se rappeler ses actes et ses discours, on n'y découvre ni la colère qui se venge, ni l'amertume qui s'accroît en se répandant, ni le mépris qui brave, ni l'ironie qui se moque sous prétexte d'instruire ou de corriger. Sans abaisser jamais l'Église devant le monde, il tient d'une main généreuse, parce que c'est la charité qui la guide, le sceptre tout-puissant de la vérité. Il plaît plus qu'il n'accuse, il pardonne plus qu'il ne condamne, et, toujours invincible sous le bouclier, il tempère dans son épée la force qu'il y sent, de peur d'achever la mort en quelque âme qui peut encore revivre.

Ah! combien nous étions consolés, au milieu des âpres controverses de notre temps, d'écouter si près de nous une bouche si pure et si cordiale! Combien, fatigués du bruit des malédictions, ne nous reposions-nous pas à cet autre bruit pacifique et éloquent! Nous ne l'entendons plus que par le souvenir, par cet écho qui reste dans l'âme après qu'une fois l'on a joui d'une parole digne de Dieu : encore cet écho, ce souvenir, accroît-il nos regrets en nous disant tout ce que nous avons perdu.

Je ne puis le dissimuler, un doute s'est fait jour sur la tenue d'Ozanam dans les temps périlleux de son professorat. C'était le moment où les catholiques de France, pour la seconde fois, réclamaient avec énergie l'une des grandes libertés de l'âme, la liberté de l'enseignement. Le comte de Montalembert, du haut de la tribune pairiale qui l'avait autrefois condamné dans cette même cause, présidait à cette seconde campagne comme général, après avoir fait la première comme soldat. Sous lui, et chacun à son poste, on s'animait au devoir, et si toutes les voix n'étaient pas également dignes du combat, si l'injure et l'injustice appelaient trop souvent des représailles qu'il eût mieux valu ne pas mériter, du moins la trahison n'était nulle part. On pouvait regretter des paroles, on n'avait point à regretter de silence. Ozanam, par la position même qu'il tenait de Dieu, était de nous tous le plus douloureusement placé. Catholique ardent, ami dévoué des libertés sociales, de celles de l'âme en particulier, parce qu'elles sont le fondement de toutes les autres, il ne pouvait cependant méconnaître qu'il appartenait au corps dépositaire légal du monopole de l'enseignement. Fallait-il rompre avec ce corps qui l'avait reçu si jeune et comblé d'honneurs? Fallait-il, demeurant dans son sein, prendre une part active et nécessairement remarquée à la guerre qui lui était faite? Dans le premier cas, Ozanam abdiquait sa chaire : pouvait-on le lui conseiller? Dans le second cas, il appelait le même résultat en se donnant le tort de l'attendre : pouvait-on encore le lui conseiller? Et cependant le professeur chrétien, le chrétien libéral, Ozanam, pouvait-il se séparer de nous?

Il est rare que, dans les situations les plus délicates et où tout semble impossible, il n'y ait pas un certain point qui concilie tout, comme en Dieu les attributs en apparence les plus dissemblables se rencontrent quelque part dans l'harmonie d'une parfaite unité. Ozanam conserva sa chaire : c'était son poste dans le péril de la vérité. Il n'attaqua point expressément le corps auquel il appartenait : c'était son devoir de collègue et d'homme reconnaissant. Mais il demeura dans la solidarité la plus entière et la plus avérée avec nous tous; je veux dire, quoique je n'aie pas le droit de m'y compter, avec ceux qui défendaient de tout leur cœur la cause sacrée de la liberté d'enseignement. Aucun des liens qui l'attachaient aux chefs et aux soldats ne subit d'atteinte. Il était et il fût de toutes les assemblées, de toutes les œuvres, de toutes les inspirations de ce temps, et ce qu'il ne disait pas dans sa chaire ou dans ses écrits ressortait de son influence avec une clarté qui était plus qu'une confession. Aussi pas un seul moment de défiance ou de froideur ne diminua-t-il le haut rang qu'il avait parmi nous : il garda tout ensemble l'affection des catholiques, l'estime du corps dont il était membre, et, au dehors des deux camps, la sympathie de cette foule mobile et vague qui est le public, et qui tôt ou tard décide de tout.

Ozanam avait placé au moyen âge le centre de son enseignement. Plus haut, c'eût été l'antiquité; plus bas, une littérature trop proche où la science n'eût pas eu assez d'ombres à soulever. Le moyen âge est le commencement des nations chrétiennes; il a tout à la fois le charme et la difficulté des origines, double attrait qui appelait également ou l'imagination poétique du professeur, ou la pénétration laborieuse de ses facultés. Pendant les deux années qu'il occupa sa chaire, Ozanam poursuivit tour à tour les premiers développements du génie chrétien en Allemagne, en Angleterre et en Italie. Il ne nous reste de cette vaste étude que vingt et une leçons sur la civilisation au cinquième siècle; mais ce monument inachevé suffit pour donner une idée de ce qu'étaient l'éloquence et le savoir de son auteur, et comment l'un et l'autre s'appliquaient infatigablement à agrandir le christianisme dans l'esprit de quiconque s'exposait à en subir la puissance.

Je ne donnerai pas l'analyse de ces beaux discours. Ils resteront parmi les travaux les plus remarquables de l'apologétique chrétienne au dix-neuvième siècle, et il est inutile que j'essaye de prévenir ou de suppléer les lecteurs.

Quatre années de succès conduisirent Ozanam jusqu'à la mort de M. Fauriel, en 1844, et il eut l'honneur, en obtenant à l'unanimité sa succession, de se trouver titulaire à trente-deux ans d'une chaire de faculté dans l'Académie de Paris. Cette élévation prématurée n'avait pas d'exemple : M. Guizot, parvenu le plus jeune avant lui aux mêmes fonctions, n'y avait été promu qu'à l'âge de trente-six ans.

VII

Mais ce n'est pas en vain que l'on veut devancer le temps, le temps se venge de ceux qui se passent de lui.

Dès l'été de 1846, Ozanam sentit ses forces décroître sous la fièvre continue de ses triomphes. Non content de la préparation de ses cours, il répondait ardemment à tous les appels qu'on lui adressait au nom de la vérité ou de la charité. Il parlait au Cercle catholique et dans les conférences de Saint-Vincent de Paul; il écrivait pour le *Correspondant*, recueil honorable qui seul, depuis un quart de siècle, a conservé le drapeau chrétien et libéral de ses premières années. Toutes ces généreuses collaborations ne laissaient à Ozanam aucun repos. Il passait de longues portions de nuits à réparer dans le travail la brièveté de ses jours; et trop souvent il soulevait le poids des ténèbres par des moyens qui n'éveillent l'esprit qu'en l'énervant. Ses mains commençaient à contracter ce tremblement fébrile que nous leur avons vu dans les dernières phases de sa vie. Il s'acheminait enfin au terme avec l'imprudence et la rapidité d'une âme qui croit trop à l'éternité pour user d'égards envers le temps.

Peut-être aussi cette première atteinte du mal n'était-elle qu'une ruse de la Providence pour amener l'un de ses fils les plus aimés à un spectacle étonnant qu'elle voulait donner au monde. Le 22 avril 1847, Ozanam se trouvait debout au pied du Quirinal, perdu dans une multitude immense armée de flambeaux et attendant sous un ciel étoilé, au bruit de la musique et des acclamations, quelqu'un qu'elle bénissait et qu'elle désirait voir. Un silence unanime se fit. Des lumières passaient derrière les fenêtres du palais : l'une de ces fenêtres s'ouvrit, et une figure parut au balcon, penchée vers la foule et la saluant. Un frémissement pieux courut dans les rangs serrés et attentifs de l'assemblée. Sur un signe de son pasteur, le peuple s'inclina, ses genoux ployèrent sous lui, ses mains se tendirent pour exprimer la foi de tous par le signe sacré de la rédemption; la voix du Christ se fit entendre dans son vicaire, et Rome pleura d'espérance et d'amour. Longtemps après que la multitude eut disparu, Ozanam regardait et écoutait encore. Il lui semblait que tous les rêves de sa jeunesse venaient de se réaliser dans cette nuit mémorable, et que, par une hâte et une abréviation des destinées, la plus souhaitable et la plus difficile des réconciliations s'était accomplie de son vivant. Hélas ! il en était d'elle comme de sa propre vie : le temps avait manqué à l'une et à l'autre, l'une et l'autre devaient s'évanouir comme l'arc-en-ciel dans la tempête.

Ozanam rapporta de ce voyage, qu'une mission bienveillante avait autorisé, des impressions qui le confirmèrent dans toutes les pensées qu'il avait nourries jusque-là. Il en revint rassuré sur son mal, plus rassuré encore sur l'avenir du monde, non pas qu'il n'eût découvert sur sa route, à Rome même, des symptômes alarmants, mais parce que tout était éclairé et dominé dans son âme par l'image du pontife dont il avait vu le regard. Une foi surhumaine s'était faite en lui au contact de l'homme et du prêtre. Il avait aimé, il avait presque adoré, il ne croyait pas possible qu'une telle créature fût venue sans cause sur le trône de saint Pierre, et que tant de bonté si pure, tant d'intentions si grandes, ne cachassent au monde qu'une victime certaine de l'ingratitude et de la perversité.

A son retour, il exprima ses craintes et ses espérances dans un article que le *Correspondant* publiait le 10 du mois de février 1848.

Quatorze jours après, le voile qui couvre aux yeux des hommes les secrets et les opérations de la Providence se déchirait, et Pie IX, à qui il n'eût fallu pour fonder que la reconnaissance de son peuple et le concours du temps, fut emporté dans une ruine plus forte que son cœur.

Je ne dirai rien de ces événements qui sont trop près de nous. Ozanam, à qui rien n'échappait des dangers de l'Église, fut, avec M. l'abbé Maret, l'un de ses plus chers et plus dignes amis, le promoteur d'un journal qui avait pour but de rassurer les catholiques et de les aider à l'acceptation du régime nouveau, dans lequel il voyait le châtiment de grandes fautes passées, un moyen d'obtenir pour l'Église des libertés nécessaires qui lui étaient obstinément refusées depuis cinquante ans, enfin un acheminement à une meilleure distribution des éléments sociaux, en arrachant à une classe trop prépondérante la domination exclusive des intérêts, des idées et des mœurs.

Je ne sais pourquoi aucun des amis d'Ozanam, dans les notices qu'ils ont publiées sur lui et où j'ai recueilli tant de pieux souvenirs, n'a mentionné la part qu'il eut au glorieux martyre de l'archevêque de Paris. Pendant ces journées de Juin, où la guerre civile n'avait plus de cri de ralliement, tant les vœux étaient obscurs et les ressentiments profonds, Ozanam songeait avec angoisse à ce que la religion pourrait tenter pour la paix de la patrie et pour son propre honneur. La pensée lui vint d'aller trouver l'archevêque de Paris et de l'engager à une démarche conciliatrice près des insurgés. Deux camarades de bivac, chrétiens comme lui, s'associèrent à sa pensée, et ils se rendirent tous trois près de l'archevêque. Monseigneur Affre, après les avoir écoutés, leur dit tranquillement : « Je me sens pressé « de cette pensée depuis hier; mais comment la réali- « ser, comment parvenir aux insurgés? Et le général « Cavaignac permettra-t-il cette démarche? » Sur leur réplique, il s'habilla, mit sa croix d'or sur sa poitrine, et gagna l'hôtel du général Cavaignac, accompagné, outre quelques ecclésiastiques de sa maison, d'Ozanam et de ses deux amis, tous trois en habit de garde national. Au retour, il les congédia, malgré leurs instances, sous prétexte qu'il ne voulait point paraître avec une apparence d'escorte militaire. Le monde sait le reste, et la postérité n'a pas besoin que je le lui apprenne.

Ozanam avait repris son cours. Il le continua jusque dans l'été de 1852, en y entremêlant des travaux plus considérables encore que par le passé. Ce fut dans cet intervalle de cinq ans qu'il publia ses *Études germaniques*, ouvrage deux fois couronné par l'Académie française d'un grand prix de dix mille francs, et cette charmante étude sur les poëtes franciscains de l'Italie au treizième siècle. Son activité redoublait en s'approchant du terme.

Le vendredi saint de l'année 1851, il prit la plume et écrivit cette préface d'une œuvre où il voulait rassembler, à la gloire de Dieu et de son Christ, tous les travaux de sa vie : « Je me propose d'écrire l'histoire « littéraire du moyen âge depuis le cinquième siècle « jusqu'à la fin du treizième et jusqu'à Dante, à qui je « m'arrête comme au plus digne de représenter cette « grande époque. Mais, dans l'histoire des lettres, j'étu- « die surtout la civilisation dont elles sont la fleur, et « dans la civilisation j'aperçois principalement l'ouvrage « du christianisme. Toute la pensée de mon livre est « donc de montrer comment le christianisme sut tirer « des ruines romaines et des tribus campées sur ces

« ruines une société nouvelle, capable de posséder le
« vrai, de faire le bien et de trouver le beau.

« En présence d'un dessein si vaste, je ne me dissi-
« mule point mon insuffisance : quand les matériaux
« sont innombrables, les questions difficiles, la vie
« courte et le temps plein d'orages, il faut beaucoup
« de présomption pour commencer un livre destiné à
« l'applaudissement des hommes. Mais je ne poursuis
« point la gloire, qui ne se donne qu'au génie; je
« remplis un devoir de conscience. Au milieu d'un
« siècle de scepticisme, Dieu m'a fait la grâce de naître
« dans la foi. Enfant, il me prit sur les genoux d'un
« père chrétien et d'une sainte mère; il me donna
« pour première institutrice une sœur intelligente,
« pieuse comme les anges qu'elle est allée rejoindre.
« Plus tard, les bruits d'un monde qui ne croyait point
« vinrent jusqu'à moi. Je connus toute l'horreur de
« ces doutes qui rongent le cœur pendant le jour, et
« qu'on retrouve la nuit sur un chevet mouillé de lar-
« mes. L'incertitude de ma destinée éternelle ne me
« laissait pas de repos. Je m'attachais avec désespoir
« aux dogmes sacrés, et je croyais les sentir se briser
« sous ma main. C'est alors que l'enseignement d'un
« prêtre philosophe me sauva. Il mit dans mes pensées
« l'ordre et la lumière; je crus désormais d'une foi ras-
« surée, et, touché d'un bienfait si rare, je promis à
« Dieu de vouer mes jours au service de la vérité qui
« me donnait la paix.

« Depuis lors vingt ans se sont écoulés. A mesure
« que j'ai plus vécu, la foi m'est devenue plus chère;
« j'ai mieux éprouvé ce qu'elle pouvait dans les gran-

« des douleurs et dans les périls publics; j'ai plaint
« davantage ceux qui ne la connaissaient point. En
« même temps, la Providence, par des moyens impré-
« vus et dont j'admire maintenant l'économie, a tout
« disposé pour m'arracher aux affaires et m'attacher
« au travail d'esprit. Le concours des circonstances m'a
« fait étudier surtout la religion, le droit et les lettres,
« c'est-à-dire les trois choses les plus nécessaires à
« mon dessein. J'ai visité les lieux qui pouvaient
« m'instruire, depuis les catacombes de Rome, où j'ai
« vu le berceau tout sanglant de la civilisation chré-
« tienne, jusqu'à ces basiliques superbes par lesquelles
« elle prit possession de la Normandie, de la Flandre
« et des bords du Rhin. Le bonheur de mon temps m'a
« permis d'entretenir de grands chrétiens, des hommes
« illustres par l'alliance des sciences et de la foi, et
« d'autres qui, sans avoir la foi, la servent à leur insu
« par la droiture et la solidité de leur science. La vie
« s'avance cependant, il faut saisir le peu qui reste
« des rayons de la jeunesse. Il est temps d'écrire et de
« tenir à Dieu mes promesses de dix-huit ans.

« Laïque, je n'ai pas de mission pour traiter des
« points de théologie, et d'ailleurs Dieu, qui aime à se
« faire servir par des hommes éloquents, en trouve as-
« sez de nos jours pour justifier ses dogmes. Mais pen-
« dant que les catholiques s'arrêtaient à la défense de
« la doctrine, les incroyants s'emparaient de l'histoire.
« Ils mettaient la main sur le moyen âge, ils jugeaient
« l'Église quelquefois avec inimitié, quelquefois avec
« les respects dus à une grande ruine, souvent avec une
« légèreté qu'ils n'auraient pas portée dans les sujets

« profanes. Il faut reconquérir ce domaine qui est à
« nous, puisque nous le trouvons défriché de la main
« de nos moines, de nos bénédictins, de nos bollan-
« distes. Ces hommes pieux n'avaient pas cru leur vie
« mal employée à pâlir sur les chartes et les légendes.
« Plus tard, d'autres écrivains sont venus aussi relever
« une à une et remettre en honneur les images profa-
« nées des grands papes, des docteurs et des saints. Je
« tente une étude moins profonde, mais plus étendue;
« je veux montrer le bienfait du christianisme dans ces
« siècles mêmes dont on lui impute les malheurs.....

« Je ne ferme point les yeux sur les orages des temps
« présents; je sais que j'y peux périr, et avec moi cette
« œuvre à laquelle je ne promets pas de durée. J'écris
« cependant, parce que, Dieu ne m'ayant point donné
« la force de conduire une charrue, il faut néanmoins
« que j'obéisse à la loi du travail et que je fasse ma
« journée. J'écris comme travaillaient ces ouvriers des
« premiers siècles, qui tournaient des vases d'argile ou
« de verre pour les besoins journaliers de l'Église, et
« qui, d'un dessein grossier, y figuraient le bon Pas-
« teur ou la Vierge avec des saints. Ces pauvres gens
« ne songeaient pas à l'avenir; cependant quelques dé-
« bris de leurs vases, trouvés dans les cimetières, sont
« venus, quinze cents ans après, rendre témoignage
« et prouver l'antiquité d'un dogme contesté.

« Nous sommes tous des serviteurs inutiles; mais
« nous servons un Maître souverainement économe
« et qui ne laisse rien perdre, pas plus une goutte de
« nos sueurs qu'une goutte de ses rosées. Je ne sais
« quel sort attend ce livre, ni s'il s'achèvera, ni si j'at-

« teindrai la fin de cette page qui fuit sous ma plume;
« mais j'en sais assez pour y mettre le reste, quel qu'il
« soit, de mon ardeur et de mes jours. Je continue
« d'accomplir ainsi les devoirs de l'enseignement pu-
« blic; j'étends et je perpétue, autant qu'il est en moi,
« un auditoire que je trouvai toujours bienveillant,
« mais trop souvent renouvelé. Je vais chercher ceux
« qui m'écoutèrent un moment, et qui, en sortant de
« l'école, m'ont gardé quelque souvenir. Ce travail ré-
« sumera, refondra mes leçons et le peu que j'ai écrit.
  « Je le commence dans un moment solennel et sous
« de sacrés auspices. Au grand jubilé de l'an 1300, et
« le vendredi saint, Dante, arrivé, comme il le dit,
« au milieu du chemin de la vie, désabusé de ses pas-
« sions et de ses erreurs, commença son pèlerinage en
« enfer, en purgatoire et en paradis. Au seuil de la car-
« rière, le cœur un moment lui manqua; mais trois
« femmes bénies veillaient sur lui dans la cour du ciel :
« la Vierge Marie, sainte Lucie et Béatrix. Virgile con-
« duisait ses pas, et, sous la foi de ce guide, le poëte
« s'enfonça courageusement dans le chemin ténébreux.
« Ah ! je n'ai pas sa grande âme, mais j'ai sa foi.
« Comme lui, dans la maturité de ma vie, j'ai vu l'an-
« née sainte, l'année qui partage ce siècle orageux et
« fécond, l'année qui renouvelle les consciences catho-
« liques. Je veux faire aussi le pèlerinage des trois
« mondes, et m'enfermer d'abord dans cette période
« des invasions, sombre et sanglante comme l'enfer.
« J'en sortirai pour visiter les temps qui vont de Char-
« lemagne aux croisades, comme un purgatoire où pé-
« nètrent déjà les rayons de l'espérance. Je trouverai

« mon paradis dans les splendeurs religieuses du trei-
« zième siècle. Mais, tandis que Virgile abandonne son
« disciple avant la fin de la course, car il ne lui est pas
« permis de franchir la porte du ciel, Dante, au con-
« traire, m'accompagnera jusqu'aux dernières hauteurs
« du moyen âge, où il a marqué sa place. Trois femmes
« bénies m'assisteront aussi : la Vierge Marie, ma mère
« et ma sœur; mais celle qui est pour moi Béatrix m'a
« été laissée sur la terre pour me soutenir d'un sourire
« et d'un regard, pour m'arracher à mes décourage-
« ments, et me montrer sous sa plus touchante image
« cette puissance de l'amour chrétien dont je vais ra-
« conter les œuvres. »

Dieu ne voulut pas que ce grand ouvrage, préparé
par vingt ans de recherches, d'éloquence et de charité,
reçût de la main de son auteur le sceau de la perfection.
La mort devait le signer bien avant qu'il fût fini. Mais
ce qui en reste suffit à l'illustration d'Ozanam, et ce
qui en est perdu se retrouvera au livre où sont écrits
les sacrifices des enfants de Dieu.

On avait franchi la Pâque de 1852. Ozanam était
retenu dans son lit par la fièvre. Il apprend que son
auditoire l'attend à la Sorbonne, et que cette bouillante
jeunesse, sans se préoccuper des causes qui la privent
de son professeur, le demande en criant et en s'agitant.
Aussitôt, malgré ses amis, malgré les pleurs de sa
femme et les ordres du médecin, il se lève et court à
sa chaire : « Je veux, dit-il, honorer ma profession. »
Lorsqu'il entra dans la salle de la Sorbonne, pâle,
exténué, plutôt comme un mort que comme un vivant,
le remords et l'admiration s'emparèrent de la foule,

qui lui prodigua de frénétiques applaudissements. Ces transports se renouvelèrent à plusieurs reprises dans le cours de la leçon, et, ranimant l'infortuné sous le coup mortel, l'élevèrent au-dessus de lui-même une dernière fois. On eût dit que les acclamations avaient le secret de Dieu, tant elles devinrent passionnées lorsque le professeur termina ainsi : « Messieurs, on reproche à notre « siècle d'être un siècle d'égoïsme, et l'on dit les pro- « fesseurs atteints de l'épidémie générale. Cependant « c'est ici que nous altérons nos santés, c'est ici que « nous usons nos forces ; je ne m'en plains pas : notre « vie vous appartient, nous vous la devons jusqu'au « dernier souffle, et vous l'aurez. Quant à moi, mes- « sieurs, si je meurs, ce sera à votre service ! »

Tels furent les adieux d'Ozanam à un auditoire qui l'avait aimé et applaudi douze ans. Courtes années des orateurs ! assemblées éphémères qui se forment des quatre vents du ciel autour de la parole d'un homme, et qui se dispersent ensuite pour ne plus se réunir ! Ozanam avait reçu le don de les émouvoir, ce grand don de l'éloquence : maintenant encore la source n'en était pas tarie, mais l'instrument extérieur et terrestre était brisé, il ne restait à l'inspiration que le faible souffle qui suffit au foyer domestique, aux confidences de l'amitié, à ce chant du cygne que la poésie célèbre, mais que le monde n'a jamais entendu, parce qu'il se chante tout bas à une ou deux âmes aimées.

Ozanam allait jouir, entre la vie et la mort, de ces tristes et saints débris de lui-même. On le rencontra quelque temps encore sous ces belles allées du Luxembourg, où ses amis et ses disciples lui avaient fait tant de fois cortége lorsqu'il les traversait pour se rendre à ses triomphes de la Sorbonne. Il laissait encore échapper de ses lèvres l'irrésistible sourire qui lui gagnait les cœurs : mais toute sa personne était couverte d'un voile, et le port, le geste, la voix, le regard, disaient aux passants connus de lui qu'ils ne voyaient plus que son ombre. Il partit pour les Eaux-Bonnes avec sa femme et sa fille. La Providence, par une attention délicate, lui amena aussi pour le consoler un de ses plus jeunes disciples, qu'il aimait particulièrement. Ensemble, malades tous deux, malades, ils le croyaient, aux mêmes plis et replis de la vie, ils se promenaient à l'ombre des hautes montagnes, allant de la nature à Dieu et du souvenir des ans perdus à la conception bienheureuse des ans éternels. La jeunesse, la foi, la renommée de l'un, l'obscurité de l'autre, les prévisions tristes et les aurores joyeuses, tout donnait à ces entretiens derniers le caractère doux et divin de la mort acceptée. « Quand le ciel était pur, raconte en des pages « inconnues celui qui a survécu, nous partions de « bonne heure, nous acheminant vers l'une des riantes « promenades qui entourent les Eaux-Bonnes, et dont « le souvenir s'embellit encore par celui de sa chère « compagnie. C'était souvent la *promenade horizontale*. « Là nous allions chercher le calme du soir ; nous la « quittions quand le soleil, abandonnant les cimes em- « pourprées du pic du Gers, laissait monter vers nous « les fraîches vapeurs de la vallée de Laruns. Lorsqu'au « dernier détour de la promenade nous apercevions les « toits des Eaux-Bonnes, il était nuit : les montagnes « se découpaient en arêtes vives et sombres sur un ciel

« encore clair ; la lune, se dégageant des sapins des
« hautes roches, s'élevait silencieuse, et des souffles
« réguliers comme la respiration d'un enfant qui s'en-
« dort inclinaient doucement les bois. A cette heure,
« en ce bel endroit, nos âmes montaient naturellement
« vers Dieu : nous causions encore ; mais de longs in-
« tervalles de silence nous avertissaient plutôt que c'é-
« tait l'heure de prier, profonde prière, non articulée
« par des mots, et qui consiste seulement à se taire
« devant Dieu ! O Seigneur ! ô mon maître ! je vous re-
« mercie de m'avoir donné ces heures ! »

Deux mois s'écoulèrent ainsi, aux Eaux-Bonnes d'a-
bord, puis à Biarritz, devant le golfe de Gascogne. Là
il fallut se séparer. Le jeune et aimable disciple fut
rappelé à Paris, et je lui cède de nouveau la plume
pour raconter le départ.

« M. Ozanam voulut m'accompagner jusqu'à Bayonne.
« De Biarritz à Bayonne il n'y a qu'une heure de che-
« min : cette heure est la dernière que j'aie passée sur
« la terre avec lui. Dieu permit qu'il en eût le pres-
« sentiment. Il m'entretint durant la route de choses
« fort graves, relatives soit à lui, soit à moi, soit aux
« affaires générales, à l'état de l'Église, à la conduite
« à tenir dans les circonstances présentes, aux espé-
« rances que promettait l'avenir. Il me parlait comme
« ne devant plus le faire, et moi je l'écoutais religieu-
« sement.

« Quand nous eûmes rejoint la grande route d'Espa-
« gne et que les tours de la cathédrale de Bayonne
« commencèrent à paraître, il changea de langage,
« me dit qu'il se sentait frappé à mort et que sans doute

« nous ne nous reverrions plus. J'avais toutes ses crain-
« tes, mais avec plus d'espoir, c'est-à-dire plus d'illu-
« sions, et je combattais de bonne foi ses tristes pen-
« sées. Mais il s'y tint, me parla de sa mort prochaine
« avec une assurance qui l'emporta sur tous mes mo-
« tifs d'espoir, et, quand la voiture s'arrêta devant la
« diligence qui devait me ramener à Paris, il me serra
« la main longtemps. Nous descendîmes. Je n'eus que
« le temps de faire placer mon petit bagage et de régler
« le prix de la route. Le moment vint de me séparer
« de lui ; il m'embrassa fortement ; il me disait : « Henri,
« dites-moi bien adieu. » J'avais le cœur déchiré,
« mais pas une larme. Je le suivis des yeux autant
« que cette consolation fut possible : un détour de rue
« rompit brusquement le dernier fil, et je ne le revis
« plus.

« C'était vers le soir. Quand nous arrivâmes au som-
« met de la colline qui domine Bayonne, le soleil se
« couchait dans les flots étincelants de la mer ; toutes
« choses avaient revêtu un manteau de pourpre et
« d'or ; les sables de Biarritz brillaient au loin à tra-
« vers une vapeur embrasée ; une flamme artificielle
« indiquait le phare, et nos yeux fixaient ce point perdu
« dans un océan de lumière. Ce spectacle, au lieu de
« dissiper ma tristesse, la jeta en quelque sorte dans
« l'infini. A travers cette éclatante révélation de vie,
« d'amour et de beauté, j'aperçus à la fois tous ces
« heureux jours dont ce soir-là était le déclin, et, le
« regret me ramenant vers celui à qui j'en devais le
« charme, je le revoyais comme un ami perdu pour
« jamais. Je m'affligeais de n'avoir point osé lui mon-

« trer plus d'affection, je lui parlais, je le saluais de
« loin, je lui promettais une fidélité immortelle : mais
« l'avenir n'avait rien à me répondre pour me consoler.
« J'entendais toujours cette voix me dire adieu. Je
« tombai dans une mélancolie si profonde, que mon
« âme en fut comme submergée.

« Le temps, ce grand maître, a changé mes regrets
« sans les détruire. Bientôt il ajouta de nouvelles in-
« quiétudes à ces regrets, puis des inquiétudes désespé-
« rées, et enfin cette terrible certitude qu'on a beau
« attendre et qui surprend toujours. »

A peine libre des entraves de l'amitié, Ozanam courut en Espagne, qu'il n'avait jamais vue. Il se proposait
de pousser jusqu'à Saint-Jacques de Compostelle; le
froid ne lui permit pas de s'avancer au delà de Burgos.
On touchait presque à la fin de novembre. Il revint sur
ses pas, mais, comme toujours, avec des notes d'érudit
et des souvenirs de jeune homme, et il ne manqua pas,
malgré sa faiblesse croissante, de les réunir dans des
pages qui, loin d'annoncer l'abaissement de sa virilité
littéraire, portent l'empreinte d'un style plus varié,
plus souple, plus ingénieux que jamais. Il leur donna
le nom de *Pèlerinage au pays du Cid*, comme pour se
consoler peut-être de n'avoir pu accomplir celui de
Saint-Jacques.

Une course suprême lui restait à faire après celle-
là. L'Italie le reçut pour la quatrième fois. On lui avait
indiqué Pise comme le séjour le plus favorable à son
état; mais l'hiver de 1853 trompa toutes les illusions
de ses amis. Froid et pluvieux, il n'apporta au malade
qu'un long ennui et une aggravation de souffrances ra-

rement mêlées de quelque lueur de bien-être. Il s'en consola par une activité héroïque en faveur de la première œuvre de sa vie, la société de Saint-Vincent de Paul. Elle était connue en Toscane, mais arrêtée au berceau par le gouvernement du grand-duc, qui ne pouvait croire à sa sincérité. Heureusement Ozanam était estimé, ou, pour mieux dire, célèbre dans ce pays. Ses travaux sur le Dante y avaient été reçus avec applaudissements et traduits plusieurs fois.

Il arriva donc que la grande-duchesse douairière entendit parler de ce Français et des peines qu'il se donnait pour introduire en Toscane une charité suspecte. Un jour qu'elle était à Pise, elle lui envoya quelqu'un avec prière de la venir voir dès le soir même. Ozanam, quoique accablé par la fièvre, se rendit à l'invitation. La grande-duchesse le reçut avec bonté. C'était une personne distinguée, aimant les bonnes œuvres, mais toute pleine de préjugés contre la société de Saint-Vincent de Paul, où elle ne voyait qu'un repaire de libéralisme, et elle affirma tout d'abord à Ozanam que jamais le grand-duc n'en autoriserait l'établissement, si l'on ne commençait par en chasser certains hommes qu'elle lui désigna. Ozanam parla longtemps et comme il parlait toujours, c'est-à-dire avec un grand feu ; il s'efforça de justifier l'admission des personnes que la cour ducale voyait de mauvais œil dans la société, et, remontant à l'origine même des conférences, il raconta comment, à la suite de la révolution de 1830, quelques jeunes gens avaient résolu de faire de la charité à l'exclusion de toute politique; que c'était là un des points fondamentaux de leur association, et le motif qui leur commandait d'admettre dans leur sein quiconque se présentait à eux, pourvu qu'il fût honnête homme et chrétien.

A quelques jours de là, le grand-duc accordait à la conférence de Florence l'autorisation si longtemps refusée, et il l'étendait presque immédiatement aux conférences de Livourne et de Pise.

Mais Sienne, où une partie de l'université de Pise avait été transportée, et avec elle aussi une moitié de la jeunesse toscane, Sienne n'avait pas suivi le mouvement. Ozanam en gémissait beaucoup; cette jeunesse sans œuvres de charité le tourmentait comme un remords personnel, et il n'eut pas de repos qu'il ne se fût rendu à Sienne même pour y proposer et y établir une conférence. Quoique lié à des personnages de distinction, et en particulier avec deux religieux affectionnés des écoles, il eut la douleur de revenir sans avoir réussi. Cet échec l'attrista profondément. « Dieu, « disait-il, ne veut plus bénir mes efforts. » Toutefois, malgré le découragement sensible où l'avait jeté ce qu'il croyait un refus du concours de la Providence, il résolut de lui faire encore un appel, et, arrivé au bord de la mer, au petit village de l'Antignano, il écrivit une lettre de quatre pages à un de ses amis de Sienne, le père Pendola, pour le supplier de tenter un dernier effort. La réponse se fit attendre quinze jours. Le quinzième, vers la fin de juillet, il reçut une lettre qui lui disait : « Mon cher ami, hier, jour de Saint-Vincent « de Paul, j'ai fondé deux conférences, l'une dans mon « collége, l'autre dans la ville. »

Si Ozanam eût été sensible encore à d'autres succès,

il eût eu, pendant ce séjour en Toscane, de grandes raisons de regretter la vie. On lui prodigua une bienveillance et des honneurs rarement accordés à un étranger. Il fut nommé membre de l'Académie de la Crusca en même temps que le comte César Balbo, l'auteur des *Espérances de l'Italie*, et enfin il sentit tout autour de lui cette admiration affectueuse qui révèle la gloire, et qui en est à la fois le signe le plus certain et le parfum le plus doux. Mais la mort éclaire la gloire elle-même d'un jour qui la fait pâlir, et le cœur du chrétien, à mesure qu'il sent les approches de l'éternité, se déprend de ces faiblesses pardonnables que la sainteté seule ne connaît pas. Ozanam était mûr. Il luttait encore, il est vrai, contre le tombeau ; il songeait encore à ses années trop peu pleines ; mais ce n'était plus par regret de la vie, c'était par regret du bien. Comme il y a dans une grande âme unie au monde un besoin d'achever le monument qu'elle a conçu et qui portera son nom, il y a dans une grande âme unie à Dieu le besoin d'achever l'œuvre qu'elle a commencée pour lui et où elle pense cacher son nom sous le sien. Quand Dieu refuse, quand il brise l'ouvrier avant que la dernière pierre ait été posée, quand la croix descend à trente ans, comme pour le Fils de l'Homme, c'est alors le sacrifice par excellence, celui qui arrache une larme au ciel même et qui fait le martyre non sanglant. Or, en ces jours-là, tel était le mystère qui se passait au cœur de notre ami. Il nous en a laissé de sa main même une touchante et pieuse trace.

Le 23 avril 1853, il écrivait, à Pise, les lignes suivantes :

« J'ai dit au milieu de mes jours : J'irai aux portes
« de la mort.

« J'ai cherché le reste de mes années. J'ai dit : Je ne
« verrai plus le Seigneur mon Dieu sur la terre des
« vivants.

« Ma vie est emportée loin de moi, comme s'est re-
« pliée la tente des pasteurs.

« Le fil que j'ourdissais encore est coupé comme sous
« les ciseaux du tisserand. Entre le matin et le soir,
« vous m'avez conduit à ma fin.

« Mes yeux se sont fatigués à force de monter au
« ciel.

« Seigneur, je souffre violence, répondez-moi. Mais
« que dirais-je et que me répondra celui qui a fait mes
« douleurs ?

« Je repasserai devant vous toutes mes années dans
« l'amertume de mon cœur.

« C'est le commencement du cantique d'Ézéchias ; je
« ne sais si Dieu permettra que je puisse m'en appli-
« quer la fin. Je sais que j'accomplis aujourd'hui ma
« quarantième année, plus que la moitié du chemin
« ordinaire de la vie. Je sais que j'ai une femme jeune
« et bien-aimée, une charmante enfant, d'excellents
« frères, une seconde mère, beaucoup d'amis, une car-
« rière honorable, des travaux conduits précisément
« au point où ils pouvaient servir de fondement à un
« ouvrage longtemps rêvé. Voilà cependant que je suis
« pris d'un mal grave, opiniâtre, et d'autant plus dan-
« gereux qu'il cache probablement un épuisement com-
« plet. Faut-il donc quitter tous ces biens que vous-
« même, mon Dieu, m'aviez donnés ? Ne voulez-vous

« point, Seigneur, vous contenter d'une partie du sacri-
« fice? Laquelle faut-il que je vous immole de mes affec-
« tions déréglées? N'accepterez-vous point l'holocauste
« de mon amour-propre littéraire, de mes ambitions
« académiques, de mes projets mêmes d'étude, où se
« mêlait peut-être plus d'orgueil que de zèle pour la
« vérité? Si je vendais la moitié de mes livres pour en
« donner le prix aux pauvres, et si, me bornant à rem-
« plir les devoirs de mon emploi, je consacrais le reste
« de ma vie à visiter les indigents, à instruire les ap-
« prentis et les soldats, Seigneur, seriez-vous satisfait,
« et me laisseriez-vous la douceur de vieillir auprès de
« ma femme et d'achever l'éducation de mon enfant?
« Peut-être, mon Dieu, ne le voulez-vous point. Vous
« n'acceptez point ces offrandes intéressées, vous rejetez
« mon holocauste et mon sacrifice : c'est moi que vous
« demandez. *Il est écrit au commencement du Livre que*
« *je dois faire votre volonté, et j'ai dit : Je viens, Sei-*
« *gneur.*

« Je viens si vous m'appelez, et je n'ai pas le droit
« de me plaindre. Vous avez donné quarante ans de vie
« à une créature qui est arrivée sur la terre, maladive,
« frêle, destinée à mourir dix fois, si la tendresse e
« l'intelligence d'un père et d'une mère ne l'avaient dix
« fois sauvée. Que les miens ne se scandalisent point si
« vous ne voulez pas faire aujourd'hui un miracle pour
« me guérir! Mon enfance, heureusement écoulée au
« milieu de tant de périls, n'était-elle pas un premier
« miracle? A sept ans, quand la fièvre typhoïde me con-
« duisait jusqu'à l'agonie, ne fût-ce pas à l'interven-
« tion de saint François Régis que ma mère attribua

« ma guérison ? Ne m'avez-vous pas délivré des malaises
« de l'adolescence qui inquiétaient mon père ? A l'en-
« trée de ma carrière, quand j'étais arrêté tout à coup
« par une cruelle maladie de la gorge, ne m'avez-vous
« pas guéri, ne m'avez-vous pas donné la joie de pu-
« blier ce que je croyais la vérité ? Enfin, il y a cinq
« ans, ne m'avez-vous pas ramené de bien loin, et ne
« m'avez-vous pas accordé ce délai pour faire pénitence
« de mes péchés et pour devenir meilleur ? Ah ! toutes
« les prières qu'alors on vous adressa pour moi furent
« écoutées. Pourquoi celles qu'on vous fait aujourd'hui,
« et en bien plus grand nombre, seraient-elles perdues ?
« Mais peut-être, Seigneur, vous les exaucerez d'une
« autre manière. Vous me donnerez le courage de la
« résignation, la paix de l'âme, et ces consolations
« inexprimables qui accompagnent votre présence
« réelle. Vous me ferez trouver dans la maladie une
« source de mérites et de bénédictions, et ces bénédic-
« tions, vous les ferez retomber sur ma femme, mon
« enfant, sur tous les miens, à qui mes travaux auraient
« peut-être moins servi que mes souffrances. »

Ces dernières paroles nous indiquent que le sacrifice
d'Ozanam était fait : aussi écrivit-il son testament le
même jour, 23 avril, et nous n'avons plus à le suivre
qu'au tombeau.

La veille du mois de septembre, accompagné de sa
femme, de sa fille, de ses deux frères, il sortit de la
maison qu'il occupait au petit village de l'Antignano,
sur le bord de la mer. En sortant, il ôta son chapeau,
et, les mains levées vers le ciel, il prononça cette prière :
« Mon Dieu, je vous remercie des souffrances et des af-

« flictions que vous m'avez envoyées dans cette de-
« meure ; acceptez-les en expiation de mes péchés. »
Puis, se tournant vers sa femme : « Je veux qu'avec moi
« tu bénisses Dieu de mes douleurs. » Et aussitôt, se je-
tant dans ses bras : « Je le bénis aussi des consolations
« qu'il m'a données. »

Dieu lui accorda, pour la dernière fois qu'il traversait la mer, un temps et des flots sereins. Couché sur le
pont du navire qui le rapportait en France, il put jouir
en paix de l'air, du ciel, des eaux, de ces poétiques
rivages de l'Italie qu'il avait passionnément aimés, et
où il venait de recevoir un accueil digne de la terre qui
a nourri tant de grands hommes, et qui sait encore les
reconnaître de quelque part qu'ils abordent à ses ruines.
Quand les côtes de la Provence se levèrent à ses yeux, il
éprouva une grande joie de revoir la patrie et de la certitude d'y mourir. Le vaisseau ne tarda pas d'entrer au
port de Marseille, où l'attendaient sa belle-mère et la famille de sa femme. « A présent, dit-il, que j'ai remis
« Amélie entre les mains de qui elle doit être, Dieu
« fera de moi ce qu'il voudra. »

Il eut encore désiré revoir Paris, Paris où tant de
souvenirs l'attachaient, où ses amis et sa gloire l'eussent si pieusement accueilli. Mais ce vœu du serviteur
ne fut pas exaucé. Seulement Dieu lui retira les an-
goisses du grand passage ; il ne souffrit plus dès qu'il
eut touché la terre de ses aïeux et de ses travaux. Un
calme qui n'était ni celui de la vie ni celui de la mort
se répandit dans sa personne, et il reçut en cet état les
derniers sacrements de l'Église dont il avait été le fidèle
et le défenseur. Le prêtre lui ayant dit d'avoir confiance

en Dieu : « Eh ! pourquoi le craindrais-je ? répondit-il, « je l'aime tant ! »

Ce devoir rempli, un sommeil précurseur s'empara de ses membres épuisés. Il se réveillait çà et là pour remercier et bénir, pour tendre la main, pour essuyer une larme, pour sourire encore une fois. Le matin de sa mort, jour de la Nativité de la très-sainte Vierge, il ouvrit les yeux, souleva ses bras et dit d'une voix forte : « Mon Dieu, mon Dieu, ayez pitié de moi ! » Ce fut sur la terre la dernière parole de cette âme qui en avait eu tant d'éloquentes.

Ses amis reçurent son cercueil avec vénération. Lyon voulut le garder, Paris l'obtint. Il repose sous les pieds de cette jeunesse qu'il a évangélisée par sa vie, et à laquelle il parle encore du fond de sa tombe.

Reviendrai-je maintenant sur des faits ou des vertus oubliés au courant de mon récit ? Recueillerai-je dans cette vie quelques épis épars après la moisson ? La piété me le permet, si elle ne me le commande pas.

Ozanam avait une grande tendresse de cœur, une grande foi aux choses domestiques. Quoiqu'il fût très-sobre, et que souvent même il ne s'aperçût pas de ce qui lui était servi, il tenait extrêmement à ce que, le dimanche et les jours de fête, il y eût sur la table quelque mets plus délicat que de coutume. C'était lui qui le commandait d'ordinaire, et quelquefois qui l'apportait. Étranger à toute idée de luxe, peu soigneux de son vêtement, content des plus simples meubles, il attachait du prix à un bouquet de fleurs. Il aimait à en avoir près de lui, sur son bureau. De beaux livres, de belles gravures, le tentaient aussi, et il ne résistait pas à l'acquisition de quelque petit tableau dont le mérite avait captivé ses yeux. Les voyages aux grands lieux du monde étaient encore un de ses faibles; il courait à un lac, à une vallée, et quand les ombres de l'histoire descendaient avec celles de la nature sur un champ ou sur une ruine, il s'y sentait attiré par une invincible sympathie. Ce n'était pas, à vrai dire, une âme austère; la poésie l'avait consacré tout enfant, et il n'y avait pas de muse qui n'habitât en lui.

Le 23 de chaque mois, date chère à sa mémoire, parce que c'était celle de son mariage, il ne manquait jamais d'offrir à sa femme quelques plantes fleuries. Même à la veille de sa mort, il n'oublia point de le faire, et le 23 août qui la précéda, étant encore au village de l'Antignano, il envoya chercher une branche de myrte qu'il avait remarquée au bord de la mer, pour la donner à celle qui depuis douze ans charmait et fortifiait sa vie.

Il avait eu pour sa mère vivante un culte qu'il lui conserva toujours, et j'ai remarqué dans ses lettres qu'il en parlait sans cesse avec une tendre admiration. Quand il l'eut perdue, sa douleur fut extrême; mais, le premier déchirement passé, il se fit en lui un phénomène qu'il appelle quelque part la *conviction de la présence réelle de sa mère*. Il lui semblait qu'elle le suivait encore, qu'elle l'inspirait, qu'elle le récompensait, comme au temps de son enfance, par des caresses sensibles.

L'amitié ne fut pas pour Ozanam le sentiment éphémère d'une jeunesse rapide. Ni les années, ni le mariage, ni la célébrité, ne tarirent en lui le besoin d'aimer des égaux. Il les recherchait même au-dessous de son âge par une condescendance qui fut récompensée, et ayant moi-même aimé quelqu'un de ceux qu'il aimait, j'ai eu de touchantes preuves de l'affection qu'il savait inspirer.

Sa piété était vive et douce. Elle prit de bonne heure le caractère d'un dévouement actif à cette grande société des âmes que Dieu a fondée sur la terre par le sang de son Fils, et il se crut même appelé à quitter le monde pour apprendre à le bénir. Quelque chose le retint, soit un peu de faiblesse devant le sacrifice, soit la crainte de perdre une part de sa liberté, soit plutôt que Dieu voulût de lui un cœur de prêtre dans une vie d'homme du siècle. Ce mot le peint tout entier. Nul chrétien en France, et de notre temps, n'aima davantage l'Église, ne sentit mieux ses besoins, ne pleura plus amèrement les fautes de ceux qui la servaient, n'eut enfin dans une existence laïque un plus véritable et plus profond apostolat. La prière et la méditation des choses divines le soutenaient à cette hauteur surnaturelle, malgré la préoccupation incessante de ses travaux d'esprit. Chaque matin il lisait dans une Bible grecque quelques versets ou quelques pages de l'Écriture sainte, suivant que l'onction de Dieu le retenait plus ou moins sur ce qu'il avait lu. C'était la première demi-heure de sa journée. Il y avait puisé une connaissance efficace de la parole de Dieu. Jamais il ne se rendait à son cours sans avoir prié à genoux, pour qu'il ne dît rien de contraire à la vérité, ou dans le seul but de s'attirer des applaudissements. On remarquait dans sa controverse une attention infinie à ne pas blesser ceux qui discutaient avec lui, quelles que fussent leurs erreurs. Il lui semblait, dès qu'une intelligence traitait de Dieu, que déjà elle était sur la voie de le trouver, et qu'un mot superbe ou trop vif pouvait lui faire une blessure irréparable. Mais cette douceur n'allait jamais jusqu'au déguisement de sa pensée. Il professait sa foi avec la courageuse humilité du chrétien qui connaît le peu qu'est le monde; et, si le respect des âmes lui inspirait une exquise modération, le respect de la sienne s'élevait au-dessus de toute crainte humaine.

Un jour qu'il visitait à Londres l'église de Westminster, mêlé à une foule d'étrangers et d'inconnus, il arriva derrière le chœur, en face du tombeau de saint Édouard. La vue de ce monument mutilé par le protestantisme le saisit de douleur, et, tombant à genoux devant les reliques telles quelles du saint Louis de l'Angleterre, il pria seul en expiation de tout ce peuple qui ne connaît plus ses saints, et au mépris de l'assistance, qui le prit sans doute pour un idolâtre, sinon pour un fou.

Dans une autre occasion, de nature différente, il avait révélé le même courage, et ceux qui l'ont vu à côté de M. Lenormant, aux jours où ce regrettable professeur succomba sous les lâchetés d'une agression sans cause, ceux-là ne douteront jamais qu'il ne fût capable de toute confession devant tout péril.

Les amis d'Ozanam ont voulu élever à sa mémoire un mausolée. Ils n'ont choisi ni le marbre ni le bronze, mais ses propres écrits. Leur main fidèle et respectueuse a rassemblé ces pages dispersées et leur a donné, malgré la mort, une unité qu'elles tiennent bien moins de leur disposition posthume que du souffle qui les anime d'un bout à l'autre. L'érudit, l'homme pieux, l'orateur, s'y révèlent dans un tissu qui ne faiblit jamais, et cette lecture inspirera toujours ensemble le regret et l'admiration, le regret d'une vie si rare et sitôt tombée, l'admiration de talents si divers dans un même esprit.

Cher monsieur Ozanam ! aucun de nous ne laissera le vide que vous nous avez laissé, aucun n'emportera du cœur des hommes ce que vous avez emporté du nôtre. Vous nous avez précédés dans la mort parce que vous nous aviez précédés dans la vertu : les pauvres ont prié pour vous et nous ont ravi votre âme. Agréez ces pages où j'ai voulu retracer quelque ombre de ce que vous nous étiez. Je les ai écrites pour vous, pour vous qui fûtes pendant vingt ans, sinon le plus fort, du moins le plus pur objet de nos regards, et dont les faiblesses, s'il y en eut en vous de cachées parce que vous étiez homme, n'allèrent jamais qu'à vous rendre plus chère votre inébranlable constance dans les choses que vous aviez aimées et défendues. Vous fûtes le maître de beaucoup, le consolateur de tous. Choisi de Dieu, après de longues années d'humiliations, pour rappeler la gloire dans les camps de la vérité, vous accomplîtes fidèlement jusqu'à votre dernier jour cette mission d'honneur et de paix. Le pauvre vous vit à son chevet, la tribune littéraire debout devant une génération, et la presse, cet autre instrument du bien et du mal, eut en votre personne un honnête et religieux artisan. Vous n'avez laissé de blessure à aucun, si ce n'est cette blessure qui guérit de la mort, parce que c'est la charité qui la fait. Demeurés derrière vous, nous n'avons plus la joie de vous voir et de vous entendre; mais il nous reste encore celle de vous louer, et, quelles que soient les destinées qui nous attendent au seuil extrême de notre carrière, la joie plus grande encore de vous imiter de loin, si Dieu le permet.

FIN DE LA NOTICE.

PARIS. — IMP. SIMON RAÇON ET COMP., RUE D'ERFURTH. 1.

CONFÉRENCES DE NOTRE-DAME

DE PARIS,

PAR LE R. P. LACORDAIRE,

De l'Ordre des Frères-Prêcheurs.

4 beaux et forts volumes grand in-8°. — Prix : 29 fr.

Le tome 4 seul se vend encore séparément 7 fr.

Les *Conférences de Notre-Dame* resteront comme un des plus beaux monuments de la littérature catholique; elles sont un magnifique traité de dogme et de morale dressé contre la philosophie et les erreurs du dix-neuvième siècle. Sans doute, elles ont produit de profondes et salutaires impressions sur l'auditoire d'élite avide d'entendre l'éloquent orateur, mais elles demeureront comme une source d'eau vive où viendront puiser ceux que tourmente la soif de la vérité et du véritable bonheur, comme une occasion perpétuelle de conversion pour ceux qui n'ont pas la foi.

Parti de la notion même de l'Eglise, de la nécessité de sa constitution, de son autorité, de l'établissement sur la terre de son Chef, de sa puissance coercitive, le R. P. Lacordaire compare la réalité à l'idéal. Il examine la doctrine générale de l'Eglise enseignante, puis il arrive aux effets de la doctrine catholique sur l'esprit, sur l'âme et sur la société, ce qui implique toute une philosophie, toute une morale, toute une politique; il se demande ensuite ce qu'a dû être le fondateur de la religion, et la vie de Jésus-Christ devient pour lui comme le portique et le degré qui conduit à la partie vraiment supérieure des Conférences, au gouvernement de Dieu. Tel est le plan de cette œuvre, qui accuse autant d'originalité que de vigueur intellectuelle. Une étude approfondie de la théologie de saint Thomas d'Aquin, une grande connaissance du cœur humain puisée dans son propre cœur et dans l'expérience du monde, une forme neuve, un style plein d'images et de mouvements, l'inspiration de l'orateur, des illuminations soudaines, voilà ce qui a captivé ceux qui l'ont entendu, voilà ce qui captivera toujours ceux qui liront ces immortelles Conférences.

(Extrait d'un compte-rendu de M. J. Barbey d'Aurévilly, publié dans l'*Assemblée nationale*.)

LE CARDINAL MAURY,

SA VIE ET SES ŒUVRES, par M. POUJOULAT,

1 fort vol. in-8°; prix 7 fr., et par la poste, 8 fr. 50.

On a peine à s'expliquer comment un homme dont le talent et le caractère avaient attiré l'attention générale pendant cinquante années n'ait pas rencontré un historien. Il était réservé à l'écrivain consciencieux à qui nous devons l'*Histoire de saint Augustin*, les *Lettres sur Bossuet*, une *Histoire de la Révolution française*, de nous retracer avec le talent qui le distingue cette vie curieuse, d'abord si brillamment, et puis si grandement remplie, et à la fin diminuée dans l'estime des hommes. Des leçons utiles pour notre temps ressortent de ce travail, qui embrasse à la fois la fin du 18e siècle, la Révolution et l'Empire.

HISTOIRE DE SAINTE ÉLISABETH DE HONGRIE,

PAR

M. LE COMTE DE MONTALEMBERT.

1 volume grand in-8°, avec gravures et Appendices. 12 fr.
7e édition, 2 vol. grand in-18 anglais. 7 fr.

Dans une Introduction étendue, l'écrivain a inauguré parmi nous des vues nouvelles et profondément catholiques sur l'existence religieuse et sociale du moyen âge, et l'*Histoire de sainte Elisabeth* est un récit où le treizième siècle renaît tout entier au souffle de la science et de la foi. — Nous n'avons rien à dire du mérite de ce livre si connu, où l'on ne sait ce que l'on doit admirer le plus de l'érudition de l'historien, du goût de l'artiste ou du talent de l'écrivain.

⌇⌇⌇⌇⌇

LOUIS XVI, par M. le comte de FALLOUX, auteur de l'*Histoire de saint Pie V*. 3e édition. 1 vol. grand in-18 anglais.   3 fr. 50

L'auteur nous retrace avec talent le portrait de ces hommes qui s'agitent dans des intérêts si divers sur cette scène où apparaissait un roi au cœur grand, magnanime, mais impuissant pour lutter contre le débordement de son siècle et le maîtriser. L'histoire n'offre rien de plus pathétique que ce récit, revêtu d'un style facile, plein de fermeté, et dans lequel M. de Falloux fait preuve d'un esprit juste et élevé.

ÉTUDES sur les **FONDATEURS** de l'**UNITÉ** nationale en France; par M. le comte de CARNÉ. 2 vol. grand in-8.   12 fr.

Tome 1er : Introduction. — L'abbé Suger. — Saint Louis. — Le connétable Du Guesclin. — Louis XI. Tome II : Henri IV. — Le cardinal Richelieu. — L'Ancien Régime et la Révolution française. — Aperçu sur l'Histoire de l'Église en France. — Aperçu sur l'Histoire des Lettres en France.

« Un succès durable et pour ainsi dire nécessaire doit s'attacher à cet écrit. Nous le disons sans hésiter et avec une conviction entière : plusieurs des personnages que M. de Carné a étudiés apparaissent pour la première fois sous leur vrai jour, et aucun traité, aucune histoire générale ou particulière ne peut dispenser de la lecture de ce livre quiconque veut apprécier à leur juste valeur les hommes que l'auteur proclame avec raison *les fondateurs de l'unité nationale*. »   (Ch. LENORMANT, de l'Institut.)

LIVRE DES MÈRES et de **LA JEUNESSE**, par H. VIOLEAU, auteur de la *Maison du Cap*, des *Soirées de l'Ouvrier* et des *Pèlerinages de Bretagne*, etc. 3e édit. 1 vol. in-12.   2 fr.

Cet ouvrage a été couronné par l'Académie.

LA QUESTION RELIGIEUSE EN 1682, 1790, 1802 et 1848, et Historique complet des Travaux du Comité des Cultes de l'Assemblée constituante de 1848, augmentée de rapports, discours, textes de lois annotées et commentées par la jurisprudence, documents inédits pour la plupart, et très-importants pour l'étude de la question religieuse depuis le dix-septième siècle; par M. Pierre PRADIÉ. 1 fort vol. in-8.   5 fr.

HISTOIRE DE LA PAPAUTÉ pendant les XVIe et XVIIe siècles, par Léop. RANKE; traduite de l'allemand par J.-B. HABER; publiée, augmentée d'une Introduction et de nombreuses notes historiques et critiques, continuée jusqu'à nos jours par A. de SAINT-CHÉRON. 2e édit. 5 forts vol. in-8.   20 fr.

ŒUVRES complètes du cardinal B. PACCA, contenant les Mémoires sur le Pontificat de Pie VII, les Mémoires sur les Nonciatures, etc.; trad. par M. QUEYRAS. 2 forts vol. in-8.   10 fr.

Tout le monde est d'accord sur l'importance et le mérite des écrits du cardinal Pacca. L'*Ami de la Religion* les range parmi le petit nombre d'ouvrages qui, par leur valeur intrinsèque et le charme de leur lecture, passeront à la postérité.

HISTOIRE DE L'ABBAYE DE CLUNY, suivie de la Correspondance de Pierre-le-Vénérable et de saint Bernard; par M. P. LORAIN, doyen de la Faculté de de Droit de Dijon. 2e édit. 1 v. in-8. 6 fr.

Les éloges de M. de Montalembert, du R. P. Lacordaire, de l'abbé de Solesmes, joints à ceux de MM. Villemain, Guizot, Dupin aîné, etc., recommandent suffisamment ce livre à l'estime publique. Le rôle important que remplit l'abbaye de Cluny, la vie des grands personnages qui l'illustrèrent, les services qu'elle rendit à la religion, à la société, aux arts et aux lettres, forment un tableau du plus haut intérêt.

DIEU ET LE PEUPLE, appel à la France et à l'Europe sur les véritables Principes de leur Constitution sociale et politique, et solution par la Religion catholique des problèmes posés par l'état actuel de la civilisation; par G.-B. BATTUR, avocat à la Cour d'appel de Paris. 1 v. in-8. 4 fr.

LA GUERRE ET LE GOUVERNEMENT DE L'ALGÉRIE, par M. Louis de BAUDICOUR. 1 beau et fort vol. in-8 de plus de 600 pag.   7 fr.

C'est une histoire complète du passé et du présent de l'Algérie. La physionomie, l'état politique, la religion, les mœurs des différentes races qui occupent ce pays, tout y est traité avec une grande vérité de détails.

LE GLAIVE RUNIQUE, ou la Lutte du Paganisme scandinave contre le Christianisme; par C.-A. NICANDER; traduit du suédois par M. LEOUZON-LEDUC. 1 vol. in-8.   5 fr.

Nicander, dans cette épopée du genre le plus élevé, a fait pour la mythologie des Scandinaves ce que l'auteur des *Martyrs* avait fait cher nous pour la mythologie de l'antique paganisme grec.

IMITATION DE N.-S. JÉSUS-CHRIST,

Traduction nouvelle avec des Réflexions;
Par M. l'abbé F. de LAMENNAIS.

Un très-beau volume grand in-8°, orné de 4 magnifiques gravures,
papier vélin glacé. 12 fr.

Même ouvrage, 1 vol. in-32. . . . . 2 fr.

In-32, papier vélin glacé. 2 fr. 50	1 vol. in-18. 2 fr. 50
Grand in-32, pap. vél. glacé. 3	Grand in-18, pap. vél. glacé. 3 fr. 50

Ce livre, le plus beau qui soit sorti de la main des hommes, est un résumé de l'Évangile mis à la portée de toutes les intelligences. Il était à désirer que ce livre, qui devrait être dans les mains de tous les fidèles, rencontrât un traducteur qui en comprit toutes les beautés, et les rendît dans notre langue sans en altérer la simplicité et l'onction. M. l'abbé de Lamennais l'a fait avec ce talent supérieur qui défie toute comparaison; on peut même dire que par la force et l'onction des Réflexions qu'il a ajoutées à chaque chapitre, il a égalé, quelquefois même surpassé, son auteur. Ces pages resteront comme les plus belles de notre langue et comme le plus beau titre de sa renommée littéraire.

JOURNÉE DU CHRÉTIEN,
ou
Moyen de se sanctifier au milieu du monde,
Par M. l'abbé F. de LAMENNAIS.

Mêmes formats et mêmes prix que l'*Imitation* ci-dessus.

C'est le plus beau recueil d'instructions et de prières que l'on puisse offrir aux fidèles. Ces lectures ne sont pas composées par des auteurs inconnus, elles sont empruntées aux Pères de l'Église, à sainte Thérèse, à saint Jean-de-la-Croix, au vénérable L. de Blois, à saint Liguori, à Bossuet, et surtout à Fénelon. Ces précieux matériaux ont été mis en œuvre par un auteur dont le style peut servir de modèle du genre.

LE GUIDE DE LA JEUNESSE,
Par M. l'abbé F. de LAMENNAIS.
9e édit. 1 vol. in-18. 1 fr. — Grand in-18, papier vélin. 1 fr. 50.

Sommaire : Dangers du monde dans le premier âge. — De la vraie fin de l'homme. — De la fidélité aux devoirs — De la confession. — De la communion. — De la dévotion à la sainte Vierge, aux saints patrons et aux saints anges. — Messe et vêpres du dimanche.

On aime à lire ce petit ouvrage, où le grand écrivain prend le ton de la plus ravissante simplicité et reproduit dans toute leur vérité les entretiens de l'âme d'un enfant avec le Dieu qui l'a créé. Il n'est point d'ouvrage plus propre à former les jeunes cœurs à la piété chrétienne.

ÉTUDES historiques et politiques sur l'ALLEMAGNE CONTEMPORAINE, par M. l'abbé E. de CAZALÈS. 1 vol. grand in-18 anglais.   3 fr. 50

L'Allemagne est peu connue en France : M. de Cazalès a étudié en publiciste et en philosophe chrétien la géographie, l'origine, le langage, les mœurs, les révolutions politiques, les constitutions, les rouages si multipliés de cette grande machine qui s'est appelée Saint-Empire, Confédération du Rhin, Diète germanique. Ses savantes investigations jettent la plus vive clarté sur ce dédale, surtout depuis la fin du dix-huitième siècle.

GUERRES de la VENDÉE et de la BRETAGNE, par M. E. VEUILLOT. 2e édition. 1 vol. in-18 anglais.   3 fr. 50

DE L'AUTORITÉ et du Respect qui lui est dû; par le R. P CHASTEL, S. J. 1 vol. grand in-18 anglais.   2 fr.

Dans cet ouvrage, l'auteur expose les causes de l'affaiblissement du respect envers l'autorité; il établit la légitime limite de l'autorité du mari, du père, du maître, du pouvoir politique; il traite ensuite de l'autorité spirituelle, de la constitution de l'Église.

Sous presse, pour paraître fin juillet 1855.

DE L'ART CHRÉTIEN, par F. Rio; tome II. 1 vol. in-8.   7 fr.

C'est une bonne fortune pour tous les amis de l'art sérieux que la suite, si longtemps attendue, de cet ouvrage, qui a fait une position si éminente au critique dont M. de Montalembert se fait gloire d'être le disciple. Ce volume, aussi riche que le premier en considérations élevées, en aperçus neufs et originaux, fait une part plus large au côté biographique.

LÉONARD DE VINCI, et son École; par F. Rio. 1 vol. in-18 angl.   3 fr. 50

Le Catalogue complet, renfermant un grand nombre d'ouvrages d'histoire, de philosophie, de littérature, sera envoyé franco aux personnes qui en feront la demande.

Veuillez communiquer, s'il vous plaît, ce Prospectus aux personnes qu'il pourrait intéresser.

Paris. — Imp. BAILLY, DIVRY et Cⁱᵉ, place Sorbonne, 2.